KB179069

한스 요나스가 들려주는

환경 이야기

한스 요나스가 들려주는

환경 이야기

초판 1쇄 발행일 2008년 7월 8일
초판 11쇄 발행일 2019년 3월 13일

지은이 양해림
그림 문종인
펴낸이 정은영

펴낸곳 (주)자음과모음
출판등록 2001년 11월 28일 제2001-000259호
주소 04047 서울시 마포구 양화로6길 49
전화 편집부 (02)324-2347 경영지원부 (02)325-6047
팩스 편집부 (02)324-2348 경영지원부 (02)2648-1311
e-mail jamoteen@jamobook.com

ISBN 978-89-544-0815-8 (64100)

한스 요나스가 들려주는
환경 이야기

양해림 지음

(주)자음과모음

우리는 이 책에서 20세기를 살다 간 철학자 한스 요나스를 만나 볼 거예요. 한스 요나스의 대표적인 저서는 《책임의 원칙》(1979) 입니다. 이 책은 아주 좋은 평가를 받았습니다. 학자, 사업가, 정치 지도자뿐만 아니라 일반 시민들 사이에서도 인기를 얻고 유명해졌죠. 특히 대학교수를 비롯한 전문가층보다 일반 대중들에게 더 인기를 끌었답니다.

한스 요나스는 《책임의 원칙》에서 과학기술이 발달한 현대 사회에서 어떤 윤리학이 진정으로 필요한가를 진지하게 묻고 있습니다. 특히 최근에 뜨거운 감자로 떠오르고 있는 생태 문제를 책임윤리와 연관시켜 소개하고 있어요. 한스 요나스는 《책임의 원칙》에서 환경 문제를 철학이나 윤리학의 관점에서 살펴보며 그 해결책까지 제시하고 있어요.

한스 요나스는 《책임의 원칙》에서 우리가 살고 있는 생활방식들이 많이 변했다고 해요. 바로 인류가 그동안 발전시켜 온 과학기술 때문이지요. 그리고 변화한 생활방식 때문에 환경오염의 피해가 생겼다고 말이에요.

지금까지 아리스토텔레스, 아우구스티누스, 스피노자, 칸트, 헤겔 등과 같은 유명한 철학자들이 얘기했던 전통윤리학은 오로지 '지금'과 '여기' 에 살고 있는 인간만을 문제 삼았어요. 그리고 한스 요나스는 전통윤리학이 인간과 인간, 그리고 우리 주변에서 일어나고 있는 선(善)과 악(惡)에 관련된 내용만을 다루었다고 말해요. 지금까지의 전통윤리학은 우리의 잘못된 행동으로 생긴 결과에 대해서만 책임을 묻고 있어요. 단지 잘못된 행동을 저지른 사람만이 법적, 도덕적인 책임을 져야 한다는 것이지요. 예컨대 지금까지 우리가 배워 온 윤리학은 "네 이웃을 네 자신과 같이 사랑하라, 네 자녀를 진리의 길로 이끌어라, 네 개인적인 행복을 공익에 예속시켜라, 바르게 살아라, 그렇지 않으면 훌륭한 사람이 될 수 없다, 네 능력을 최대한 발휘하라, 그러면 행복해질 것이다, 사람을 수단으로 대하지 말고 항상 목적으로 대하라." 우리가 지금까지 배워 온 전통윤리학은 이런 말을 해 왔어요. 이렇게 전통윤리학은 모든 생물 중에서도 인간을 가장 중심에 놓고, 인간만 생각했어요. 그리고 이러한 상황에 대해 한스 요나스는 고대 그리스의 윤리학, 유대교의 윤리학, 기독교적 윤리학 등이 인간을 중심으로 생각해 왔는데 이제는 그런 생각을 바꿔야 한다고 주장했어요. 21세기에 들어와 인간만 중심으로 생각하는 방식은 더 이상 타당성을 갖지 못해요.

자, 그러면 인간 중심의 전통윤리학을 벗어나 한스 요나스가 들려주는 새로운 생태윤리학으로 여행을 떠날까요?

2008년 7월 대전 궁동에서 양해림

C O N T E N T S

"12월 7일 태안반도 인근 해상에서 유조선과 해상 크레인이 충돌하면서 기름이 유출돼 서해안은 온통 검은 기름투성이가 되었습니다. 지금 보시는 거대한 유조선에서는 검은 기름이 쏟아져 나오고 있습니다. 이 기름은 해상으로 넓게 퍼져 나가고 있고, 만조 때는 그 피해가 더 클 것으로 예상됩니다. 기름 확산을 막기 위해 일차적으로 기름막이를 설치했지만 소용이 없었고, 오일 흡착포와 오일을 중화시키는 화학약품을 썼지만 역부족인 상태입니다."

헬리콥터의 프로펠러가 돌아가는 소리에 기자의 목소리는 자주 끊겼지만, 급박한 상황을 전달하는 목소리만은 정확하게 전해졌습니다.

텔레비전 뉴스에는 태안반도 기름 유출 사고로 떠들썩합니다. 그도 그럴 것이 그 피해가 어마어마하게 커서 정확한 조사도 불가능할 정도라고 했습니다. 아빠는 뉴스를 보시며 계속 한숨을 내쉬었습니다. 나는 그런 아빠와 뉴스를 번갈아 보며 숨을 죽였습니다.

"타르 덩어리들이 마치 해파리 떼처럼 떠밀려 와서 해안을 뒤덮었습니다."

헬리콥터에 탄 기자는 연신 해안의 모습을 비추었습니다. 해안은 검은 띠를 두르고 있었습니다. 타르 덩어리를 없애기 위해 사람들이 하얀 방제복을 입고 해안에 몰려 있었습니다. 바쁘게 움직이는 사람들은 마치 흰 개미 떼처럼 보였습니다. 사람들은 바쁘게 움직였지만, 기름으로 뒤덮인 해안은 그대로였습니다. 거대한 칼이 푸른 바다의 심장을 칼로 죽 그어 검은 피가 주르륵 흘러내리는 것 같았습니다. 아무도 그 검은 피를 막지 못할 것 같았습니다.

"도대체 왜 저런 일이 일어난 거예요?"

답답한 마음에 진아는 한숨을 쉬듯 말했습니다.

"사람들의 부주의 때문이지. 유조선과 해상 크레인 두 선박의 부주의, 과학기술 맹신에 의한 부주의, 환경의 소중함을 모르는 부주의……. 그것이 지금 우리뿐만 아니라 바다의 모든 생명, 후손들에게까지 큰 상처를 주었구나."

아빠는 목이 타시는지 물을 벌컥벌컥 들이마셨습니다.

"피해가 크겠지요?"

진아는 조심스럽게 물었습니다.

"물론이지. 당장 기름 유출로 어민들이 피해를 입을 거야. 바다와 갯벌이 어민들의 생계를 유지시켜 주었는데 말이야. 눈에 보이는 그런 피해뿐만이 아니야. 기름은 독성이 강하기 때문에 작은 미생물들을 모조리 죽게 만들지. 진아도 자연시간에 생태계에 대해 배워서 알고 있을 거야. 생물 중에서 1차 소비자인 미생물이 죽으면 그 다음의 생물들이 어떻게 되는지."

진아는 플랑크톤을 작은 물고기가 먹고 작은 물고기를 큰 물고기가 먹고 그 물고기를 우리가 먹는 먹이사슬을 떠올리며 생태계를 머릿속으로 그려 보았습니다. 결국 바다 오염은 자연 생태계는 물론 우리도 살기 어렵게 한다는 사실을 쉽게 알 수 있었습니다.

정말 큰일이었습니다. 단순히 기름이 바다에 쏟아지고 그것을 봉사의 힘으로 닦아내는 것만으로 끝나는 일이 아니었습니다. 앞으로 또 저런 일이 생긴다면? 생각만 해도 끔찍했습니다.

"기름은 태안 인근 해안뿐만 아니라 전라도 신안 앞바다까지 빠르게 확산되고 있습니다."

긴박한 뉴스는 계속되었습니다.

왜 자연에 귀를 기울여야 할까요?

결국 인류의 문제는 위로부터가 아니라 아래로부터의 실천을 통해 해결되어야 한다.

— 한스 요나스

1 우리 마을이 물에 가라앉는대요

"난 찬성!"

"나도 찬성."

진아의 말에 동생 진수도 손을 번쩍 들며 말했습니다.

"너희들은 나고 자란 이 마을이 물속에 가라앉는데도 찬성이란 말이야?"

엄마는 얼굴을 찌푸리셨습니다.

"그건 좀 아쉽지만, 그래도 이사 가는 게 어디에요? 난 빨리 이사 갔으면 좋겠어요. 이런 산골 마을은 지긋지긋해요. 만날 보는 산, 논, 밭……. 이젠 도시에 나가서 살고 싶어요."

진수는 과자를 우물우물 씹으며 말했습니다.

"나도 이사 가는 건 좋아요. 사실 여기는 너무 산골이라서 영화를 보거나 예쁜 학용품을 사려면 버스를 타고 한참 나가야 하잖아요? 그리고 지난번에 엄마가 독감으로 아팠을 때 병원이 멀어 밤새 앓고 계셨잖아요. 그때 제 속이 얼마나 탔는지 아세요? 우리가 도시로 이사를 가면 그런 불편함도 없을 테고……. 또 뭐, 어쨌든 난 찬성이에요."

진아의 말에 아빠는 조금 화가 나신 모양이었습니다. 얼굴이 몹시 어두워지셨습니다.

"너희들은 당장 이사 가는 문제에 대해서만 생각하는구나. 댐이 건설되어 우리 마을이 물에 가라앉는다는 문제에 대해서는 생각해 보지도 않고! 이제 4, 5학년 정도 되었으면 자기의 입장에서만 볼 게 아니라 더 넓게 보아야 하는 게 아니니?"

"……."

아빠의 말에 진아와 진수는 잠시 말을 잇지 못했습니다.

"여보, 애들이 뭘 알겠어요? 왜 애들을 다그치고 그래요?"

엄마는 아빠를 야속하게 바라보았습니다.

"그래, 흙먼지 날리지 않고 예쁜 옷 입고 학원 다니는 도시의 아이들이 부럽겠지. 그렇지만 나는……."

아빠는 말을 잇지 못하셨습니다.

부모님은 이 마을에서 대대로 농사를 짓고 사셨습니다. 이 마을은 진아와 진수의 고향이면서 엄마와 아빠의 고향이기도 했습니다.

"이곳은 나와 네 엄마, 그리고 할아버지와 할머니가 태를 묻은 곳이란다."

아빠가 엄숙하게 말씀하셨습니다.

"그런데 아빠, 태…… 가 뭐예요?"

호기심 대장 진수는 언제나 궁금한 것을 못 참았습니다. 진아도 그것이 궁금하긴 했지만 꾹 참고 아빠의 말을 듣고 있는데 진수가 아빠의 말을 끊고 물었습니다.

"태(胎)는 너희들이 엄마 배 속에서 영양을 공급받던 탯줄을 말하는 거야."

엄마의 설명에 진아와 진수는 고개를 끄덕였습니다. 탯줄이라고 했으면 금방 알아들었을 텐데……, 하면서 말이죠.

"엄마 아빠뿐만 아니라 너희들도 병원이 멀어 모두 집에서 낳았단다. 그때 너희 탯줄을 저기 감나무 밭에 묻었지. '태를 묻는 곳은 고향' 은 단순히 지리적 의미가 아니야. 마음의 안식처라고 할 수 있어. 이 마을이 바로 그런 곳이란다."

분위기가 갑자기 엄숙해졌습니다.

"너희들이 앞으로 커서 다른 곳에 나가더라도 나는 태를 묻은 이곳에서 농사를 지으며 살 생각이었단다. 넉넉하지는 않아도 마음 편한 이곳에서…… 그런데 댐이 만들어지면 태를 묻은 이곳은 물에 가라앉고 흔적도 없이 사라지는 거야."

아빠는 한숨을 내쉬며 창밖을 내다보셨습니다.

"그렇지만 아빠, 요즘 같은 세상에 농사를 지으며 산다는 것은 정말 어려운 일이라고 하셨잖아요. 농산물 가격이 떨어져서 농사로만 먹고살기 힘들다며 술을 드실 땐 언제고……. 차라리 더 큰 도시로 나가서 장사나 뭐, 그런 거 하면서 살면 더 낫지 않겠어요?"

진수는 마을에 댐이 건설되어 마을 사람들이 모두 이사를 가야 한다고 했을 때 몹시 흥분했었습니다. 도시에 나가 살고 싶은 마음에서였지요. 그것은 진아도 마찬가지였지만, 아빠의 말씀을 듣고 보니 태어난 곳이 사라져 어쩔 수 없이 떠나야한다는 사실을 쉽게 받아들일 수만은 없었습니다.

'우리 마을이 물에 가라앉는다?'

진아는 곰곰이 생각해 보았습니다.

우리들의 비밀 장소인 물레방앗간, 엄마놀이를 하는 옛 주막터, 여름마다 뛰어놀던 냇가, 숨기에 딱 좋은 넓적한 형제바위……. 그 모든 것이 물에 가라앉는다는 말인데…….

"그럼요! 우리 할아버지, 할머니 묘는요?"

유난히 할머니를 잘 따랐던 진수가 갑자기 소리를 질렀습니다. 진수는 학교에 들어가기 전까지 할머니 젖을 만지며 잤습니다. 할아버지는 일찍 돌아가셔서 기억에 없지만, 할머니에 대한 기억은 생생했습니다. 재작년, 할머니가 돌아가셨을 때 진수가 얼마나 많이 울고 밥도 먹지 못하고 앓았는지 진아도 똑똑히 기억하고 있었습니다.

"물론, 물속에 가라앉겠지. 무덤을 옮길 수 있지만 할아버지, 할머니 묘에 대한 기억은 사라지는 거지."

아빠의 말씀에 진아는 미간을 찌푸렸습니다.

할머니, 할아버지 묘는 멀리 강이 내려다보이는 전망 좋은 곳이었습니다. 섬기린초와 싸리꽃이 예쁘게 피는 곳이지요. 햇볕이 잘 드는 그곳에서 낮잠을 자면 마치 할머니의 팔베개를 베고 누워 있는 것만 같았습니다.

"우리 마을처럼 인정 넘치고 살기 좋은 곳도 없단다. 도시로 가도 때 묻지 않은 공기와 넘치는 인심이 있을까?"

"맞아요! 지난번 김장도 우리 마을은 함께 해서 나누어 먹고, 정월 대보름 때 달집도 태우고, 어른들과 함께 줄다리기하고, 또 맛있는 인절미랑 조청도 먹고…… 히히, 고구마 조청은 정말 맛있는데……. 흰 가래떡 찍어 먹고, 쑥인절미를 찍어 먹고 손가락으로 찍어 먹고……."

진수가 침을 꼴깍 삼켰습니다. 진아는 그런 진수가 귀여웠지만 웃을 수가 없었습니다.

"댐이 만들어져 우리 마을이 물에 가라앉으면, 우리가 사는 집만 없어지는 게 아니야. 그래서 단순히 이사 문제만이 아니라고 했던 거야. 우리 조상의 묘, 우리의 이웃, 일을 잃는 것뿐만 아니라, 우리의 뿌리, 이웃의 정, 일의 보람, 삶의 추억……. 모든 것이 물속으로 가라앉는 거지."

아빠가 무엇을 안타까워하시는지 진아는 조금은 알 것도 같았습니다.

"사실 그런 문제뿐만이 아니야. 엄마도 처음엔 너희들처럼 도시에 나가 사는 것이 더 좋다고 생각했어. 도시에 가면 너희들은 교육 혜택을 더 많이 받을 수 있고, 농촌의 불편한 생활도 줄어들 테니까. 그렇게 사는 건 엄마에게도 꿈이었단다."

진수는 엄마도 이사를 가는 것에 찬성이신 듯하여 절로 웃음이 났습니다.

"그렇지만 이사를 가고 싶어도 가지 못하는 이유가 또 있어. 댐 건설을 하게 되면 우리는 여기를 떠나는 대신 보상으로 돈을 받아. 그런데 그 보상금이 터무니없이 적어서 그 돈으로는 이사 갈 일이 막막하단다."

엄마는 깊은 고민이 담긴 한숨을 내쉬셨습니다.

사실 진아와 진수는 그런 문제까지는 깊이 생각해 보지 못했습니다. 그냥 어른들의 일이라고만 여겼기 때문이었습니다.

"그럼 우린 어떡해요?"

엄마의 이야기를 끝까지 듣고 난 진수가 울상을 지었습니다. 우리 가족은 서로 얼굴만 바라보다 한숨을 내쉬었습니다.

2 더 살기 좋은 마을

"댐 건설을 반대한다!"

"더 이상 과학기술을 막지 마라!"

"수몰 지역민의 보상금을 재편성하라!"

"댐 건설로 발전된 마을을 만들자!"

댐 건설의 찬성과 반대 의견을 쓴 현수막과 피켓이 여기저기서 춤을 추었습니다. 찬성과 반대의 목소리가 한 치의 양보도 없이 차가운 겨울 하늘에 울려 퍼졌습니다.

'댐 건설 평가위원회'가 오늘 마을에 온다는 소식에 더욱 소란스러웠습니다. 아이들까지 몰려나와 어른들 틈바구니에서 우왕좌왕했습니다. 논밭 일을 제쳐두고 나와서 목소리를 높이는 어른들을 보니 분위기가 심상치 않았습니다. 진아는 단짝 친구 소율이와 손을 꼭 잡고 어른들 사이를 서성였습니다.

"큰일이야. 댐이 만들어지면 우리 마을이 물속에 가라앉아서 사라지고 없어진대. 그리고 나라에서 주는 보상금으로는 이사 갈 곳도 없대."

나는 소율이에게 걱정스럽게 말했습니다.

"뭐가 걱정이야? 이사 가면 되지. 어디든 가서 살면 이런 시골 마을만 하겠니? 처음엔 어렵지만 다 살기 마련이라고 하시더라."

소율이는 아무렇지 않은 듯 가볍게 말했습니다.

"누가?"

"우리 아빠가."

"그럼, 너희는 댐 건설에 찬성하는 거야?"

진아는 왠지 소율이에게 배신감을 느꼈습니다. 한번도 의견이 달라 본 적이 없는 소율이었습니다. 그런데 소율이네는 진아네와 달리 댐 건설에 찬성하는 모양이었습니다.

"그럼, 당연하지. 댐이 왜 생기는 줄 알아?"

"그거야……."

진아는 당황했습니다. 댐이 왜 생길 수밖에 없는지에 대해선 생각해 보지 않았습니다.

"지금 우리나라뿐만 아니라 전 세계적으로 물이 부족해. 물이 부족하면 어떻게 되겠니? 생명이 있는 모든 것은 죽게 마련이야. 생각해 봐. 우리가 먹는 밥도 물이 있어야 지을 수 있고 밥이 되는 쌀도 물이 있어야 생산할 수 있어. 물이 없으면 우리는 더러운 옷을 입고 꼬질꼬질한 얼굴을 하고 다녀야 할 걸? 댐은 그런 부족한 물을 저장하고, 필요할 때는 알맞게 물 공급하기 위해 만들어지는 거라고."

소율이의 말에 진아는 고개를 끄덕였습니다. 한참 멋 부리기에 관심이 많은 초등학교 5학년이었습니다. 더러운 옷과 꼬질꼬질한 얼굴이라는 말에 진아는 얼굴을 찡그렸습니다.

그러고 보니 자연시간에 댐에 대해 배운 것이 생각났습니다. 댐은 하천 물을 조절하기 위해서 인공적으로 만든 저수지입니다. 물이 충분히 있을 때 저수지에 물을 가두었다가, 물이 부족할 때 저수지로부터 흘려보내는 기능을 하는 것이 바로 저수 댐이지요.

지난번에 가뭄이 들어 그해엔 흉작이었습니다. 엄마, 아빠는 수확량이 적어 모종과 비료값을 갚지 못해 은행에서 돈을 빌릴 수밖에 없었습니다. 아직도 그때 빌린 돈으로 빠듯한 살림을 하고 계신다고 들었습니다.

"비나 눈이 내리는 것을 우리가 마음대로 조절할 수 있다면 이런 댐 같은 건 만들어지지 않을지도 몰라. 물이 많이 필요할 때는 비나 눈을 많이 내리게 하고, 홍수가 걱정되면 비나 눈을 내리지 않게 하면 되니까."

"그건 말도 안 되지!"

"맞아, 물의 양을 우리 마음대로 조절할 수 없기 때문에 댐이 필요한 거라고. 그러니까 이건 한마디로 과학의 발전이라고 할 수 있지. 과학기술의 발전으로 우리가 물을 저장하고 쓸 수 있는 환경으로 바꿀 수 있는 거야."

소율이가 제법 차근차근 설명했습니다.

"그렇지만 댐이 만들어지면 우리처럼 물에 가라앉는 곳이 생기잖아."

소율이의 설명에도 진아는 어쩐지 걱정스러운 마음이 사라지지 않았습니다.

찬
상
더이상 과학기술을 막지마라!
전면
백 지 화 하 라
댐건설을 반대한다!
수몰 역 보상금을 재편 라라!
몰지
상금을 재편
댐건설 발전된
우리 마을을 만들
결사반대
수몰지역 재편성하라!
우리마을 우리손으로 지키
반대
우리마을에 댐건설이 웬말이냐!

"그건 어쩔 수 없는 문제야. 생각해 봐. 꼭 필요해서 댐을 만드는 것일 텐데, 우리가 마을을 지키겠다는 이기심만으로 댐 공사를 반대하면 어떻게 되겠니? 오히려 가뭄과 홍수가 해마다 일어나서 더욱 살기 어려워질 걸?"

"댐이 만들어지면 환경도 오염된다는데?"

"무슨 말씀! 그건 잘못된 거야. 물론 댐이 만들어지면 자연이 파괴되는 건 맞아. 하지만 물이 많으면 하천에 물을 충분히 줄 수 있고 생태계 또한 유지될 수 있을 거야. 오히려 동식물을 보호한다는 것이 맞는 말일 걸?"

진아는 소율이의 말이 썩 미덥지 않았습니다. 오히려 동식물을 보호하다니요? 아무래도 댐이 건설되면 주변의 모든 생물은 사라지게 될 텐데…….

"그뿐만 아니야. 너 수력발전에 대해서 들어봤지?"

"응. 화력발전, 조력발전, 원자력발전, 수력발전…… 뭐 그런 걸 말하는 거야?"

"그래, 바로 댐의 기능 중 하나가 수력발전을 할 수 있다는 건데, 수력발전은 무공해 에너지를 생산하는 거야. 그런 에너지가 전기를 많이 쓰는 우리 생활을 더욱 편리하게 해 준다는 사실!"

소율이는 거침없이 설명했습니다. 진아는 그런 소율이가 대단하게 여겨졌습니다.

"너 그런데 그런 건 다 어디서 들었니?"

"우리 아빠!"

"그…… 렇구나."

진아는 소율이의 아빠가 부러웠습니다.

소율이의 아빠는 군청에서 일을 하셨습니다. 대부분의 마을 사람들처럼 농사를 짓지 않으시지만, 시내에 살지 않고 우리 마을에 살고 계십니다. 소율이의 아빠는 소율이와 나처럼 우리 아빠와 어렸을 적 단짝 친구였다고 했습니다. 그러나 소율이아빠는 오랫동안 도시에 나가 공부를 하고 직장을 다니다가 지난해에 다시 우리 마을로 이사를 오셨습니다. 소율이아빠와 진아아빠는 어렸을 때처럼 단짝 친구는 아니고 그냥 고향 친구로 남았다고 했습니다.

"우리 아빠가 댐이 만들어지면 오히려 더 살기 좋은 곳이 될 수 있다고 하셨어. 물론 마을 자체가 사라지기는 하지만, 댐이 만들어지면 주변 경관이나 자연 환경을 더욱 발전시킬 수 있다고 하셨거든. 사람들은 마을을 떠나면 무엇을 하며 먹고살까 걱정이 많다고 하셨는데, 댐이 생기면 오히려 일자리가 많이 생긴다고 하셨지."

"어떻게?"

진아는 소율이의 다음 말이 너무 궁금했습니다. 농사를 짓지 않으면 무얼 해 먹고살까? 걱정이 많은 아빠에게 좋은 정보를 드릴 수도 있다는 생각이 들었습니다.

"다른 곳에도 우리 마을처럼 댐이 들어온 곳이 있대. 저수지에서 낚시터를 만들어 장사를 하는 사람들도 늘었고, 하천에서 해양스포츠를 하는 사람들도 많이 생겼대. 그런 것들이 생기면 다른 곳에서 사는 사람들이 우리 마을을 많이 찾을 거야. 그러니 주변에서 장사를 하면 얼마나 돈을 많이 벌겠니? 그러니까 1차 산업에만 매달리지 말고 관광, 레저와 같은 4차 산업 같은데 눈을 돌려야지."

진아는 소율이가 대단하게 느껴졌습니다. 어떻게 그런 어려운 말을 다 하는지, 평소의 소율이 같지 않았습니다. 그러나 진아는 아빠가 말씀하신 태를 묻은 고향에 대해 생각했습니다. 과학발전에 대한 이익에만 생각이 머물면 안 될 것 같았기 때문이었습니다.

"그렇지만…… 우리 마을이 없어지면 너랑 같이 갔던 물레방앗

간도 없어질 테고, 그리고……."

진아는 머뭇거렸습니다.

"진아야, 감정에만 치우치지 말고 좀 넓게 생각해 봐. 그런 것쯤은 희생할 줄도 알아야 해. 과학이 발전하려면 말이야. 사실 좀 더 발전된 삶을 사는 것이 모두가 원하는 바 아니겠니?"

진아는 소율이의 말이 왠지 교과서를 읽는 것처럼 느껴졌습니다. 교과서에는 무조건 옳은 내용이 담겨 있습니다. 하지만 그렇다고 다 마음에 드는 건 아니었습니다.

진아는 대체 어떤 것이 옳은 것인지 생각하느라 머리가 아팠습니다. 댐 건설을 찬성해야 할지 반대해야 할지, 갈피를 잡지 못했습니다.

구호를 외치던 사람들이 술렁대기 시작했습니다. 댐 건설 평가위원회가 마을 입구에 들어서고 있었습니다. 사람들은 흥분한 듯 더욱더 목소리를 높여 구호를 외치기 시작했습니다.

댐 건설 평가위원회의 한 사람이 이동식 스피커를 들고 말을 하려고 했습니다. 그러나 사이렌 소리처럼 '삐' 하는 소리만 요란할 뿐, 그 사람의 말은 들리지 않았습니다. 그때 누군가 평가위원회에 계란을 던졌습니다. 구호도 사라지고 사람들이 아우성치기 시작했습니다.

어른들이 우르르 몰려가는 바람에 소율이와 진아는 몸을 피해 그곳을 빠져나왔습니다. 도대체 이 일을 어떡하면 좋을까요?

3 프로메테우스의 힘

진아와 소율이는 어른들 틈을 빠져나왔습니다.

"어? 안녕하세요?"

"안녕하세요?"

소율이가 꾸벅 인사를 하는 바람에 진아도 따라 인사를 했습니다. 분교장선생님이시자 5, 6학년 담임이신 우리 선생님께서 멀리서 뒷짐을 지고 서 계셨습니다.

우리 학교는 시골마을 중에서도 산골에 있기 때문에 분교입니다. 두 학년이 함께 반을 이루어 공부를 하고 있습니다. 선생님도 모두 세 분밖에 안 계십니다. 그래서 분교장선생님 겸 담임선생님이 되는 거랍니다. 우리 학교에는 젊은 선생님이 안 계셨습니다. 젊은 선생님은 거의 도시로 가시기 때문에 이곳처럼 산골 학교에는 지원을 안 하신다고 합니다. 그나마 우리 마을에 한 번 오셨다가 아름다운 자연에 푹 빠져 1, 2학년 담임선생님이 된 분이 제일 젊은 선생님이신데, 그 분도 곧 마흔이 된다고 하셨습니다. 그 분이 오시기 전에는 선생님이 딱 두 분뿐이었는데 지금은 세 분이 되었답니다.

우리 반은 5, 6학년이 한 반이지만 5학년 5명이 전부입니다. 6학년은 딱 한 명 있었는데, 중학교를 가기 위해 지난여름 도시로 전학을 갔습니다.

우리는 선생님께 다가갔습니다. 선생님은 어른들이 시위하는 모습을 바라보시며 안경을 고쳐 쓰셨습니다.

"너희들도 시위를 했니?"

"아뇨. 그냥……."

진아는 고개를 저었습니다.

"그런데 선생님, 선생님은 댐 건설에 찬성하세요? 아님 반대하세요?"

소율이의 질문에 선생님은 웃으셨습니다.

"글쎄? 너희들은 어떠니?"

"잘 모르겠어요. 자꾸만 헛갈려요."

진아는 고개를 갸우뚱했습니다.

"저는 찬성이에요. 여러 가지 생각해 봤는데 댐 건설은 우리에게 아주 유용한 것 같아요."

"그래? 인간에게 유용하다? 그럼 진아는?"

"저는…… 잘 모르겠지만…… 부모님이 반대하시니까……."

진아는 부모님 말씀을 들었을 땐 댐 건설에 반대했습니다. 그러나 소율이의 말을 듣고 보니 꼭 반대할 일만은 아닌 것 같았습니다. 무엇을 우선해서 생각해야 할지 잘 몰랐습니다.

"선생님은요? 어떠신데요? 찬성이시죠?"

진아는 선생님도 소율이처럼 댐 건설에 찬성하실 거라고 생각했습니다. 선생님은 많이 배우신 분이니 과학기술 발전에 대해 잘 알고 계실 테고, 단순히 우리 마을이 없어진다는 이유만으로 댐 건설을 반대하실 리가 없었습니다.

"글쎄…… 나는 찬성과 반대를 떠나서 우리가 무엇을 목적으로 어떻게 결정짓고 행동해야 할지에 대해 먼저 생각해야 한다고 보는데?"

선생님의 말씀에 진아와 소율이는 어리둥절했습니다.

"그게 무슨 말씀이세요?"

진아는 선생님께 물었습니다.

"댐 건설의 근본적인 목적이 어디에 있다고 생각하니?"

선생님은 대답 대신 오히려 우리에게 질문하셨습니다.

"그거야, 잘 살기 위해서 아니겠어요?"

소율이가 대답했습니다. 쉬운 것 같으면서도 어려운 질문이었습니다.

"그것보다 더 근본적인 목적은?"

"글쎄요……."

진아와 소율이는 선생님이 어떤 답을 원하시는지 알 수가 없었습니다.

"철학자 한스 요나스는 '인간의 근본적인 목적은 누구나 자기를 보존하고자 하는 데 있다' 고 했단다."

선생님의 말씀에 진아와 소율이는 난감한 표정을 지었습니다. 철학자 한스 요나스라니요? 처음 들어보는 이름에다 철학자라는 말에 기겁을 했습니다. 그렇지만 인간의 목적은 누구나 자기를 보존하는 데 있다는 말은 쉽게 이해가 되었습니다. 그건 당연한 이야기니까요.

"한스 요나스에 대해선 잘 모르겠지만 선생님의 뜻은 이해가 되네요. 그러니까 인간은 자신의 생명을 보존하는 데 목적이 있다는 말씀이시잖아요."

"그렇단다. 인간은 오직 하나밖에 없는 자신의 생명을 보존하려는 목적을 가지고 있어."

"그건 당연한 것 아닌가요? 생존하기 위한 본능이니까요."

선생님은 어렵게 설명하셨지만, 그건 누구나 알고 있는 것이었습니다. 자신의 생명을 가장 소중하게 여기지 않는 존재가 있을까요? 그건 사람뿐만이 아닐 것이라고 생각했습니다. 야생의 동물들도 자신의 생명을 보존하기 위해 먹고 먹히며 살아가잖아요?

"그런데 그게 댐 건설과 무슨 상관이 있죠? 댐 건설이 인간의 생존을 위해 당연하다는 말씀인가요?"

진아는 선생님이 하시는 말씀의 의도가 궁금했습니다.

"그런 뜻은 아니란다. 인간은 생명이 현재에 존재하고 미래에도 존재하리라는 그 자체를 '선(善)한 것'이라고 해. 그러나 생명이 존재하기 위해선 책임이 따르기 마련이란다."

"책임이요? 무슨 책임이요?"

선생님의 설명이 어려워지자 진아와 소율이는 어리둥절한 표정을 지었습니다.

"아하!"

진아가 갑자기 소리쳤습니다. 소율이와 선생님이 진아를 쳐다보았습니다.

"지금 댐 건설 이야기를 하시면서 책임에 대해 말씀하시니까 생각났는데, 그러니까 자연을 지키며 살아야 한다는 그런 책임을 말씀하시려는 거지요?"

소율이는 진아의 말이 이해가 되지 않는 듯, 고개를 저었습니다.

"진아가 눈치가 빠르구나? 그래, 인간에게는 자연을 훼손시키지 않고 생존하는 근본적인 책임이 있다는 말을 하고 싶었던 거야."

"그럼, 댐 건설이 자연을 훼손시키니까 반대해야 한다는 말씀이신가요?"

소율이는 선생님과 진아의 생각에 동의할 수가 없었습니다.

"허허. 댐 건설의 찬성과 반대를 벗어나 좀 더 근본적으로 생각

해 보라고 한 말이란다. 너무 성급하게 결론으로 가는 걸?"

선생님 말씀에 소율이와 진아는 댐 건설 찬성, 반대하는 데에만 머물렀던 생각이 멋쩍었습니다.

"인간은 지금껏 기술을 통해 최고의 기술문명을 꽃피워 왔어. 하지만 그 이면에는 자연을 줄기차게 위협해 왔고 이미 많은 부분을 돌이킬 수 없을 정도로 훼손시켜 놨어. 이제 우리는 더 늦기 전에 모든 환경 문제를 가슴 아프게 느끼고 책임져야 해. 인간은 살아가면서 생태계를 위협하는 기술적인 문제들을 깊이 생각해야 한단다."

선생님은 안경을 고쳐 쓰시며 낮은 기침을 하셨습니다. 진아는 저도 모르게 끙, 앓는 소리가 나왔습니다. 그 모습을 보시고 선생님은 웃으셨습니다.

"왜? 내 말이 어렵니?"

"네, 무슨 말씀인지 도무지 모르겠어요."

진아는 머리를 긁적였습니다.

"그럼 재미있는 이야기 하나 해 줄까?"

선생님의 말씀에 진아와 소율이는 귀가 솔깃했습니다.

"뭔데요?"

"너희들 프로메테우스라고 아니?"

"그럼요! 그리스 신화에 나오는 사람이잖아요. 인간에게 불을 가져다 주었던."

소율이가 아는 체를 했습니다.

"그 정도는 저도 알아요."

진아도 소율이에게 지기 싫은지 알은체를 했습니다.

"허허, 그래. 모두 잘 알고 있구나. 프로메테우스는 진흙으로 최초의 인간을 만든단다. 제우스는 프로메테우스에게 인간을 창조하라는 명령을 내렸지. 프로메테우스는 대지에서 흙을 조금 떼어내어 물로 반죽하고 신의 형상을 닮은 인간을 만들었어. 그는 인간에게는 몸을 쭉 펴서 설 수 있는 자세를 주었지. 그래서 다른 동물들은 모두 얼굴을 땅으로 떨어뜨리며 걷지만, 인간은 얼굴을 하늘로 향하고 별을 바라보게 된 거야."

선생님의 이야기는 역시 재미있었습니다.

"프로메테우스는 그렇게 만든 인간이 너무나 나약한 것을 보고 제우스 몰래 불을 훔쳐다 인간에게 준단다. 오늘날 인간이 다른 짐승들을 제치고 문명을 일으키며 발전하게 된 몇 가지 이유 중 하나가 바로 불이었다는 사실을 생각해 보면, 불은 프로메테우스가 인간에게 준 큰 축복이라고 할 수 있지."

"그 얘긴 들어 본 것 같아요. 불 때문에 인류의 문명이 발전하게 되었다는 사실이요."

진아는 언젠가 읽었던 그리스 신화가 떠올랐습니다.

"그러나 인간에게 너무나 고마운 신인 프로메테우스는 그 선물 때문에 고통의 시간을 보내게 된단다. 제우스가 자신을 속이고 인간에게 불을 가져다 준 사실을 알게 되어 그에게 벌을 내렸던 거야."

"어떤 벌을요?"

진아와 소율이는 동시에 물었습니다.

"코카서스 산에 있는 바위에 쇠사슬로 묶여 독수리에게 간을 쪼여 먹히는 벌이란다. 단순히 거기에서 끝나는 것이 아니라 문제는 낮에 독수리에게 간을 쪼이는 고통을 당하고 난 후, 밤이 되면 간이 원래대로 회복되어서 영원히 그러한 과정이 반복된다는 거야. 프로메테우스는 날마다 심한 고통을 겪을 수밖에 없었지. 그래서 프로메테우스는 희생의 상징으로 여기기도 해."

"어머나! 불쌍해라. 인간을 위해 고통을 당할 수밖에 없었던 프로메테우스!"

소율이는 끔찍한 생각이 들어서 눈을 질끈 감았습니다.

"프로메테우스의 희생에 대해 말하려는 게 아니야."

"그럼요?"

선생님의 말씀에 또 진아와 소율이가 동시에 말했습니다. 척척 마음이 맞는 두 사람은 서로 얼굴을 마주 보며 웃었습니다.

"프로메테우스가 인간에게 불을 가져다 준 것은 바로 과학의 성장을 의미하는 것인데 그러한 과학의 성장은 인간의 이기심을 불러왔고 인간은 자연을 지배하려는 욕망으로 자연에 돌이킬 수 없는 피해와 훼손을 가져왔다는 이야기를 하고 싶었던 거야."

"그럼 프로메테우스는 자신의 희생으로 인간에게 자연을 지배하는 권력을 준 셈이네요?"

"잘 지적했단다. 바로 그거야. 인간에게 과학기술은 권력인 셈이야."

선생님의 설명에 소율이는 고개를 갸우뚱했습니다.

"그렇다면 그건 좋은 거야? 나쁜 거야?"

그러자 선생님이 덧붙였습니다.

"결국 인간의 자기목적은 과학기술을 성장시켰으나 자연, 동물 등 여러 종을 망라해서 위협을 가하게 된 것이 지금 이 시대의 현실이지."

"그렇지만 인간이 살기 위해서는 어쩔 수 없는 일 아니에요?"

소율이는 선생님이 댐 건설에 반대하는 입장이신 것 같다는 생각이 들었습니다.

"인간이 자기목적을 갖는 것은 당연한 일이지만, 그 당연한 권리엔 윤리적 책임이 따른단다."

"윤리적 책임이요?"

한동안 말이 없던 진아가 물었습니다.

"그래. 자연의 침범은 인간이 책임져야 할 대상이야. 인간들이 만들어낸 엄청난 기술공학은 그 만큼 책임을 가져야 한다는 말을 하고 싶었어."

"그렇지만 그건 너무 힘든 일이에요. 인류가 발전하려면 자연의 희생이 따를 수밖에 없는 것 아닌가요?"

소율이는 여전히 선생님의 말씀이 이해되지 않았습니다.

"무엇을 희생시켜야 할 것인가를 먼저 생각해야 하지 않겠니?"

선생님은 빙그레 웃으셨습니다.

"맞아요! 인간이 아무리 과학기술을 성장시킨다고 해도 근본적으로 인간은 자연에 의존해서 살 수밖에 없는 존재예요. 그러니 자연에 대한 책임 없이 과학기술을 성장시킨다는 것은 말도 안 되는 것 같아요. 우리가 아무리 멋진 건물을 만든다고 해도 자연인 땅을 딛고 살 수밖에 없잖아요? 그러니까 자연에 대한 책임이 우선인 거죠."

진아는 대단한 발견을 해낸 것 같은 마음에 뿌듯했습니다.

"허헛! 제법인 걸?"

선생님은 진아와 소율이의 머리를 쓰다듬어 주셨습니다.

"그래서 선생님은 댐 건설에 반대하시는 거예요? 아님 찬성하시는 거예요? 인간의 자기목적이라는 측면에서는 과학기술을 발전시키는 것이 정당해요. 그런데 자연에 대한 윤리적인 책임을 져야한다는 말씀은 자연 훼손을 해서는 안 된다는 말씀 같기도 하고요."

소율이는 선생님의 말씀이 아리송했습니다.

"그 대답은 너희들이 찾는 것이 좋겠구나. 다만 나는 인간의 과학기술이 발전하는 과정에서 현재가 아닌 미래를 바라보고, 인간 중심에서 벗어나 객관적인 자연목적에 들어맞는 쪽으로 일이 진행되었으면 한단다."

진아는 저도 모르게 고개를 끄덕였습니다.

"자연 생태계의 상황을 주의 깊게 관찰하면서 말이지. 그런 책임윤리를 가지고 평가해서 댐 건설이 유용한 것인지 아닌지를 판단했으면 좋겠단다."

진아와 소율이는 선생님의 말씀이 어렵게만 느껴졌습니다. 이해가 될 듯 하면서도 쉽게 결론이 나지 않았습니다. 선생님은 허허, 웃으시더니 학교를 향해 가셨습니다. 진아와 소율이는 그런 선생님의 뒷모습만 바라보았습니다.

누구에게나 '자기목적'이 있어요

한스 요나스의 저서 《책임의 원칙》은 폭넓게 일반 대중의 주목을 받아왔어요. 과학기술의 발달에 따른 주변 환경의 변화를 잘 지적하고 있기 때문이죠. 한스 요나스는 이제까지 우리가 배웠던 전통윤리학은 인간에 대해서만 관심을 가졌지 인간과 자연, 인간과 그 밖의 생물에 대해서는 큰 관심을 가지지 않았다고 말했어요. 자연을 지배하면 행복해지리라고 믿었는데 오히려 불행해지고 있다는 것이지요.

한스 요나스는 그리스 신화에서 나오는 프로메테우스가 갖고 있던 불의 권력이 마침내 근대 과학기술의 권력을 낳았다고 비유했어요. 과학기술의 권력은 한때 유토피아를 가져다 주었지만, 지금은 암울한 미래사회의 모습을 보여주고 있어요.

한스 요나스에 의하면, 인간의 근본적인 목적은 누구나 자기 자신을 잘 보호하고 보존하고자 하는 데 있다고 해요. 어떤 다른 목적을 위해서

도 아니며 오직 하나밖에 없는 자기 자신의 생명을 보호하고 보존하려는 목적이죠. 이것을 한스 요나스는 '자기목적'이라고 했어요. 예를 들어 학교에서 선생님의 말씀을 귀담아 듣고 공부를 열심히 하는 것도 미래의 행복을 위해, 자기를 보다 잘 보존하고자 하는 것이죠. 그리고 우리가 훌륭한 사람이 되고 싶어 어떤 목적을 갖고 노력하는 것도 남을 위해서가 아니라 자기 자신을 위해서입니다.

하지만 자기 자신을 보존하려는 행위는 인간에게만 있는 것이 아니라 다른 생물에게도 있어요. 그런데 인간은 인간 이외의 생물에 대해서는 관심을 기울이지 않았죠. 인간은 자연도 인간과 똑같이 목적을 갖고 있다는 생각을 하지 않았던 거예요.

문명의 꽃에서 미래의 책임으로

더 이상 인간들은 자신의 목적을 위한 무분별한 행위를 해서는 안 돼요. 자연은 인간만을 위한 경제활동 때문에 무참히 침해받아 왔어요. 그 침해의 결과로 자연은 심각한 위험에 빠졌죠. 인간은 오랜 세월 동안 기술이라는 권력을 이용하여 최고의 기술문명을 꽃 피워 왔어요.

이제 우리는 더 늦기 전에 모든 자연 침해에 대해 반성하고, 더불어 책임을 느끼고 더 이상 지구에 피해가 가지 않도록 해야 해요.

인간은 자연에 책임을 져야 할 충분한 이유가 있어요. 우리는 자연에 의존해서 살아가는 사람들을 이야기할 때, 그 사람들을 포함한 모두를 위협할 수 있는 과학기술들의 문제에 대해 자주 이야기하곤 해요. 여기서 한스 요나스는 과학기술의 결과에 대해 "인간은 자연에 주어진 목적을 지닌 존재들이 요청하는 권리를 충족시켜라"고 명령해요. 인간뿐만 아니라 무생물조차도 누구나 자기를 보존하고자 하는 것은 두말할 필요가 없어요.

우리는 자연 그 자체가 목적을 갖고 있다고 생각하며 목적론적인 것 자체를 선(善)이라 말해요. 인간은 존재하는 모든 것 중에 가장 많은 목적을 지니고 있죠. 거기서 인간은 자기목적을 가진 또 하나의 행위자인 자연의 존재를 똑바로 봐야만 해요. 즉, 한스 요나스는 우리 인간들이 자연보다 우월한 존재가 아니라 자연에 의존하고 있다는 사실을 겸허하게 받아들여야 한다고 강조했어요.

2

책임의 원칙

지금 우리에게 절실한 것은 높은 이상을 그려내는 일이 아니라,
무엇을 예방해야 하며 무엇을 유지해야 하느냐인 것입니다.

— 한스 요나스

1 양심을 속인 감나무

"이게 무슨 짓이야?"

진아아빠는 몹시 흥분했습니다.

"이렇게라도 해야 살 거 아닙니까!"

홍씨 아저씨는 감나무를 심기 위해 구덩이를 팠습니다. 진아아빠는 홍씨 아저씨의 삽을 뺏으려 했으나 홍씨 아저씨는 완강하게 버텼습니다.

"이런 식으로는 안 돼. 우리가 좀 더 힘을 모아서 반대해야 한다고. 보상금에 합의하면 댐이 건설되고 우리 마을은 흔적도 없이 사라져. 사라지기만 해? 홍씨가 좋아하는 흰배지빠귀 소리도 못 듣게 돼."

진아아빠의 말에 홍씨 아저씨가 털썩 주저앉았습니다.

"난들, 이 마을을 떠나고 싶겠어요? 그러나 우리가 아무리 댐 건설을 반대한들 씨나 먹히냐고요? 다 소용없어요. 아무리 발버둥 쳐 봐야 정부의 정책엔 어쩔 수 없다고요. 이제 우리는 거미줄에 걸린 나방 신세예요."

홍씨 아저씨는 마흔이 넘은 노총각입니다. 아저씨는 여름 철새인 흰배지빠귀 소리를 좋아합니다. 처량한 울음소리가 자신의 마음을 달래 주는 것 같다면서 마치 그 새를 그리운 사람을 대하듯 했습니다. 우리 마을에 해마다 찾아오는 흰배지빠귀를 홍씨 아저씨는 떠날 수 없다고 했습니다. 그래서 댐 건설 반대에도 앞장섰고요. 그렇지만 환경평가 위원회가 다녀간 후로 홍씨 아저씨는 댐 건설 반대를 해 봤자 소용이 없다며 대책을 세워야 한다고 했습니다. 그 대책은 다름 아닌 보상금이었습니다. 보상금을 더 많이 받기 위해 홍씨 아저씨는 자신의 감나무 밭에 감나무를 심기 시작했습니다.

난 멀리 못 가~
얌얌
에잇!

"이건 감나무가 아니라 양심을 속이는 썩은 나무야!"

진아아빠가 소리쳤습니다.

"양심을 속이면 어때요? 고향도 잃게 되고 생업도 잃게 되고 다 잃을 텐데!"

홍씨 아저씨도 질세라 크게 고함을 질렀습니다. 홍씨 아저씨는 어차피 댐이 건설되어 쫓겨날 신세라면 보상금을 많이 받아야 한다며 한 뼘마다 감나무를 심었습니다.

원래 과일이 열리는 나무는 띄엄띄엄 넓게 심어야 합니다. 햇볕도 많이 받고 양분도 충분히 흡수할 수 있도록 말이지요. 그래야 나무가 튼튼하고 달콤한 열매를 맺을 수 있습니다. 그러나 보상금은 과실수의 그루만큼 계산해서 수확량을 예측하고 보상해 주기 때문에 일단은 과실수가 많아야 이익이었습니다. 그래서 홍씨 아저씨는 보상금을 많이 받으려고 농사꾼의 양심을 속이고 한 뼘마다 감나무를 심고 있는 것입니다.

"우리가 이렇게 흩어지면 안 돼. 홍씨, 마음을 바꿔. 이렇게 자신의 양심을 속여서 보상금을 조금 더 받는 것은 아무 의미가 없어. 이러지 말고 우리 마을 사람들이 모두 댐 건설 반대 서명을 하고 군청으로 갑시다. 한 사람이라도 포기하면 진짜로 우리 마을이 사라지고 말 거야. 어서!"

진아아빠는 홍씨 아저씨의 팔을 잡아끌었습니다.

"됐어요! 그만둬요. 진아아버지도 괜한 낭만에 젖어 고향을 지키겠다고 애쓰지 말아요. 이미 다 결정된 일이라고요. 환경 평가 위원회가 왜 왔겠어요? 이미 댐 건설이 결정된 상황이니 우리 마을에 온 거 아니에요?"

"아니, 아니야. 우리가 좀 더 우리 마을에 대해 알려 줘야 해. 군청에도 항의하고 언론에도 알리고, 환경단체의 도움도 받고. 적극적으로 대처해 보자고. 우리 마을에 댐이 건설되는 것은 단순히 고향을 잃는 것만은 아니잖아. 우리 마을은 환경적으로 보존할 가치가 충분히 있어. 철새도 찾아오고 많은 야생화와 약초가 나는 곳이잖아. 댐 건설로 얻는 것보다 잃는 것이 많다는 점을 알리면, 우리 마을을 지킬 수 있을 거야."

홍씨 아저씨는 진아아빠의 말에 한숨을 내쉬었습니다.

"그러니까 이런 짓 그만둬. 우리가 언제 양심 팔아먹고 살았어? 땅이 주는 대로 성실하게 일하면서 살아왔잖아. 한 사람이라도 우리 마을을 포기해서는 안 돼. 홍씨!"

아빠는 홍씨 아저씨의 손을 덥석 잡았습니다. 홍씨 아저씨는 새로 구입해 온 어린 감나무 묘목을 바라보았습니다.

"난, 멀리 못 가."

그때 얌얌할머니가 허리를 꼬부리고 걸어오셨습니다. 허리가 굽어 등이 낙타처럼 솟아오른 얌얌할머니가 지팡이를 탕탕 두들기셨습니다.

"난 멀리 못 가니 저 위로 이사 갈라네. 얌얌."

얌얌할머니는 이가 모두 빠졌습니다. 그래서 입을 다물면 무엇인가를 오물거리는 모양이 됩니다. 음, 하고 말을 되새기시는 것일 텐데 우리가 듣기엔 얌얌, 소리로 들립니다. 그래서 얌얌할머니가 되었습니다. 얌얌할머니는 할머니만큼 나이가 든 딸과 단 둘이 사시는데 가끔 정신이 오락가락하십니다.

"할머니, 이사 안 가셔도 돼요. 그냥 지금 사시는 대로 사시면 된다구요."

진아아빠는 얌얌할머니에게 큰 소리로 또박또박 말씀하셨습니다.

"댐이 만들어지면 다 이사 가야 한다며? 난 멀리 못 가. 얌얌. 난 저기 산으로 올라가 살 거야. 산은 높으니까 물속에 가라앉진 않겠지? 산은 그냥 내버려 두겠지, 뭐. 산에다 댐을 만들라나? 그럼 냇가로 이사 가지. 얌얌."

얌얌할머니의 말씀은 얼토당토않았습니다.

"아니에요, 할머니! 우리 마을에 댐은 안 만들어져요. 할머니 그냥 지금처럼 편안하게 사시면 돼요."

진아아빠는 진땀이 다 났습니다.

"내가 뭐, 귀먹었는지 아나? 다들 댐 만들어진다고 난리들인데? 그래도 난 허리가 꼬부라져서 멀리는 이사 못 가. 죽은 우리 영감이 나보고 다른 마을로 시집가면 귀신 돼서 쫓아온다고 했어. 난 여기서 살 거야. 얌얌. 우리 집 물에 잠기면 산으로 올라가서 살아야지, 뭐. 산에다 댐을 만들라나? 그럼 냇가로 이사 가지, 얌얌."

얌얌할머니는 같은 말을 중얼거리셨습니다. 그러더니 감나무를 보고 지팡이를 탕탕 두들기셨습니다.

"나무 심을 줄도 모르나? 누가 이렇게 구덩이를 파 놨어? 여기가 감자 밭인가, 감나무 밭인가? 에구구……."

얌얌할머니는 허리를 펴고 하늘을 올려다보았습니다.

"비가 올 것 같아, 얌얌."

얌얌할머니의 말씀에 진아아빠와 홍씨 아저씨가 하늘을 올려다보았습니다. 하늘은 맑았습니다.

"난 이사 안 가. 얍얍."

할머니는 다시 허리를 꼬부리고 길을 가셨습니다. 진아아빠는 그런 할머니를 안쓰러운 듯 바라보셨습니다.

"홍씨, 저 할머니가 돌아가시면 산에 묻어 드릴 거야? 아니면 냇가에 묻어 드릴 거야?"

진아아빠는 한숨을 쉬며 말씀하셨습니다. 홍씨 아저씨는 들고 있던 삽을 멀리 던졌습니다.

2 풀리지 않는 문제

"어쨌든, 우리나라는 물 부족 국가야. 물이 부족하면 인간은 물론이고 자연도 살 수가 없어. 댐 건설은 물을 공급해 주는 가장 근본적인 방법이야."

소율이의 말에 아이들이 고개를 끄덕였습니다.

"그렇지만, 댐이 건설되면 우리 마을은 물에 잠기고 말아."

진아는 소율이의 말을 맞받아쳤습니다.

"우리 마을만 보지 말고 나라 전체의 이익을 생각해야지. 우리 마을을 지키겠다는 이유로 댐 건설을 반대한다고 해도, 결국 물이 부족해서 우리가 살 수 없게 된다는 사실이야."

소율이는 자기 주장이 뚜렷했습니다. 얌전하고 말수가 적은 혜민이가 조심스럽게 말했습니다.

"고향을 잃는다는 문제뿐만 아니라 일자리가 없어지는 우리 부모님들은 어떡해? 보상도 제대로 받지 못하고 다른 도시에 가 봤자 빈곤층이 된대."

"그냥 쫓겨나는 것도 아니고 보상을 해 주는데 뭘."

"평당 몇 만원에 고향을 팔고, 우리 마을의 정을 팔고, 자연을 팔고, 추억을 팔 수 있겠니? 돈으로 바꿀 수 없는 것들은 어떻게 보상받을 수 있는데?"

"꼭 농사를 지어야 사니? 다른 걸 하면 되지. 산이 있고 물이 있는 곳에는 사람이 모이기 마련이야. 관광자원으로 개발하면 되지 뭐. 사람이 모이면 돈을 쓰게 되어 있어. 지금처럼 조용한 마을이 아니라 사람들이 몰려와서 떠들썩하고 신나는 마을이 될 걸?"

"그렇게 사람들이 모이면 좋은 걸까? 난 우리 마을이 다른 지방 사람들로 시끌벅적한 건 싫어……."

"왜 싫어? 새로운 사람들도 만나고 좋지!"

"그렇게 사람이 모이면 환경이 오염되잖아. 유명한 관광지는 사람들이 버린 쓰레기로 환경이 오염된다고 하던데?"

"그거야 관리하기 나름 아니겠어? 관리만 잘 하면……. 그래! 관리하는 사람도 필요할 테니 일자리도 생기겠네, 뭘."

"그런 단순한 문제뿐만이 아니야. 고여 있는 물은 썩게 마련이야. 호수의 바닥엔 나쁜 물질이 가라앉아 생물체가 모두 죽고, 결국 생태계가 무너진다고 하던데?"

"너는 왜 그런 부정적인 것만 생각하니? 좋은 쪽으로 생각해 봐. 전기 없이 살 수 있어? 수력발전을 이용해 전기를 생산하면 에너지도 만들 수 있고 좋잖아? 수력발전은 공해도 생기지 않고 말이야."

"그뿐이겠어? 홍수 피해도 줄일 수 있잖아. 우리나라는 집중호우로 홍수 피해가 많잖아. 특히 우리 마을처럼 농사를 짓는 농촌에서는 홍수 피해가 아주 심각하다고."

"맞아!"

"지난번 홍수 때 우리 집에서 키우던 돼지들이 모두 병에 걸렸어. 물에 떠내려가는 피해 말고도 병충해나 전염병의 피해도 만만치 않아."

"바로 그거야. 홍수 때문에 일어날 수 있는 그런 문제들은 불어난 물로 댐이 넘치면서도 똑같이 생길 수 있는 문제야. 그건 바로 고여 있는 물의 수질 오염 때문에 생길 수 있는 문제지. 댐이 홍수를 조절한다고 하지만 그 기능을 제대로 하지 못했을 때의 피해는 정말 어마어마하게 크다는 걸 생각해야 해."

"정말 더 심각한 문제인 걸?"

"맞아, 결국 큰 문제는 댐 건설이 바로 환경을 파괴할 수밖에 없다는데 있어. 우리 마을의 아름다운 자연은 물속에 가라앉고, 우리 마을의 산과 냇가를 찾는 철새와 물고기도 고향을 잃게 돼."

"그래, 댐이 건설되면 주변이 습해서 농사를 지어도 고추랑 감나무가 탄저병에 걸리기 쉽고 그것은 사람의 생명을 위협하기도 한다는 말을 들었어. 뿐만 아니야. 댐이 건설되면 우리만 이사하는 게 아니야. 주변의 생물들은 생명을 잃고 사라지게 돼."

"……."

"……."

아이들은 댐 건설에 대해 찬반이 나뉘어져 열띤 토론을 벌였습니다. 대체로 아이들은 찬성과 반대로 나뉘어 말했지만, 그렇다고 무엇이 더 좋은 방법인지는 몰랐습니다. 찬성과 반대 의견 모두 맞는 말이었습니다. 토론이 계속될수록 헷갈리기만 하고 문제는 풀리지 않았습니다.

"물도 하나의 자연이니까 댐 역시……."

"인위적인 자연이지. 충분히 고려되지 않은 댐 건설은 반대야."

진아는 단호하게 말했습니다. 아이들의 의견은 분분했습니다. 옳고 그름을 떠나 무엇이 우리에게 더 중요한 것인지 생각해 볼 문제였습니다.

"오호! 그야말로 21세기는 환경이 문제로다!"

천수가 책상을 '탁' 치며 말했습니다. 갑자기 도인처럼 무게를 잡는 천수 때문에 심각해졌던 교실 분위기가 한바탕 웃음바다가 되었습니다.

"야! 오천수 왜 저래? 우리 반 도사 납시었다. 히히."

용진이의 말에 천수가 다시 한 번 책상을 꽝 쳤습니다.

"어허! 어른이 말씀하시는데! 그야말로 이 시대는 환경이 문제라는데 뭘 못 알아들으시네. 우리 마을의 댐 건설 문제도 역시나 환경이 문제고, 지금 떠들썩한 태안 기름 유출 사건도 환경이 문제고 말야."

"맞아, 요즘 뉴스에 온통 그 애기뿐이더라?"

"나도 봤어. 기름이 바닷가로 둥둥 떠내려 와서 모든 생물이 죽어가고 있대."

"양식장 물고기들이 하얀 배를 뒤집고 죽어서 둥둥 떠 있는 거 봤어? 끔찍하더라."

"그 기름을 완전히 제거하는 데만도 2년은 지나야 하는데, 죽어 버린 생물들이 다시 생태계를 유지하려면 수년이 걸린다고 하더라."

"그러게. 그래서 그 마을 사람들은 다 죽을 맛이래. 원래 태안반도는 아름다운 관광도시라 사람들이 많이 찾은 곳인데 발길도 뚝 끊겼고……."

"그건 아냐. 오히려 사람들이 줄을 잇는다고 하던데? 기름띠 제거하는 봉사를 하려고 말야."

"넌, 왜 말을 못 알아듣니? 나는 관광객에 대해서 말한 거야. 재는 삼천포로 잘 빠진다니까! 어쨌든 사람들이 찾아오지도 않을 뿐더러 오염된 해산물에 대한 불신으로 어업에 종사하는 사람들은 모두 죽을 맛이래."

"하기야. '바닷물이 기름 좀 없애 주시오' 하고 가만히 있는 것도 아니고 밀려갔다 밀려오고 계속해서 흐르니……. 그건 그렇

자연을 보존해야할
책임....
인간이 책임을 져야한다!
이
야

고, 나라도 해산물은 안 먹겠다."

"그래, 너 같은 사람 때문에 멀쩡한 어민들이 살 수가 없는 거라구."

"야! 너 지금 뭐라고 했어. 난 그냥……."

"그게 문제가 아니잖아. 어쨌든, 그러니까 환경, 그래 환경이 문제라는 거 아니야."

이번엔 아이들이 태안 기름 유출 사건으로 토론을 벌였습니다. 우리 마을 댐 건설 문제만큼이나 심각한 문제였습니다. 모두 환경 때문에 생긴 문제였지요.

"거봐, 환경! 환경을 생각해야 한단 말이야. 유조선이 충돌해서 생긴 그 사건도 잘 생각해 봐. 인간이 편리를 위해 배를 만들어서 생긴 일 아니야?"

진아가 말했습니다.

"그래도 배가 없으면 사람이 살 수 없잖아. 수출, 무역, 운송, 이런 걸 다 배가 한단 말야."

소율이도 지지 않고 말했습니다.

"그러니까 부주의! 인간의 이기가 부른 부주의가 문제인데, 우리 마을 댐 건설도 다시 생각해 봐야 할 문제라고. 댐 건설에 앞서 환경을 생각하고, 자연을 훼손시키지 않도록 책임을 갖고…….
그래 책임! 자연을 잘 보존해야 할 책임이 있는 거라고. 우리가 살 수 있는 것은 모두 자연 덕분이니까 말야. 인간도 자연의 일부 아니겠어!"

진아는 저도 모르게 흥분했습니다.

"우와! 그 말 멋지다. 자연의 일부인 인간은 자연을 책임져야 한다!"

천수가 박수를 보내자 진아의 얼굴이 빨개졌습니다.

그때 갑자기 교실이 조용해졌습니다. 수업종이 치고 선생님이 들어오신 줄도 모르고 떠들던 아이들이 일제히 조용해진 것이었습니다.

"내가 들어오는지도 모르고 열띤 토론을 벌이고 있더구나. 그래, 인간이 자연을 책임져야 한다……. 그런 얘기를 하고 있었던 것 같은데, 어디 좀 더 들어 볼까?"

3 우리가 신을 도와야 한다

"태안반도의 기름 유출 사건으로 환경오염이 얼마나 우리에게 큰 피해를 주는지 알게 되었어요. 생각해 보니 그건 모두 인간이 과학기술을 발전시려다 저지른 끔찍한 일이었어요. 더 이상 그대로 두어선 안 되겠다는 생각이 들어요. 지구가 점점 따뜻해지고 있잖아요. 이미 환경이 위협을 받고 있다는 사실은 너무나 잘 알려져 있잖아요?"

진아는 너무 거창하게 말하지 않았나 싶었지만, 그것이 우리의 현실이라고 생각했습니다.

"맞아요. 진아 말대로 인간이 자연과 함께 살아가야 하는데 자연에 대해서 우리는 너무…… 그러니까 무지막지하게…… 다시 말해서, 함부로…… ."

천수가 말을 잇지 못하고 횡설수설하였습니다.

"권력! 그래요! 인간의 권력으로 자연을 지배하려고만 했어요!"

진아의 말에 아이들이 우와, 함성을 내질렀습니다.

"프로메테우스의 권력처럼?"

소율이가 말했습니다.

"엥? 프로메테우스는 또 뭐야?"

용진이가 눈을 동그랗게 떴습니다.

"그러니까 불을 가져다 준 프로메테우스 덕분에 근대 과학기술은 권력을 낳았어. 하지만 그 권력이 오히려 인간에게 위협으로 작용한다는 거지."

소율이가 어려운 말로 설명을 하자 아이들이 '우' 하면서 비아냥거렸습니다. 아이들은 소율이가 똑똑하다는 건 모두 알고 있었지만, 때때로 잘난 척을 하는 것이 못마땅했습니다. 그래서 종종 어려운 말을 하면 알아듣지 못하는 말에 '우' 하면서 비아냥거리곤 했습니다. 그러나 진아는 소율이의 말을 알아들었습니다. 그것은 선생님과 소율이와 함께 이야기했던 것이니까요. 선생님도 그 일이 생각나셨는지 진아와 소율이를 번갈아 보시며 미소를 지었습니다.

"소율이의 설명이 어렵긴 했지만 맞는 말이란다. 과학기술이 발전하면서 우리는 알지 못했던 거대한 힘을 얻고 마침내 유토피아를 가져다주었다고 생각했지. 하지만 지금은 정반대로 위협을 받고 있어."

"유토피아라…… 오늘따라 머리가 자꾸 아프네?"

용진이가 너스레를 떨었습니다.

"당연히 네 머리가 아프겠지. 넌 어려운 말만 들으면 머리가 작동을 멈추잖아, 크크."

천수가 재미있다는 듯 웃자 용진이가 천수에게 주먹을 쥐어 보였습니다. 아이들이 그 모습을 보며 '어휴, 못 말려!' 하면서 쯧쯧 혀를 찼습니다. 그러나 곧 선생님의 말씀에 집중하였습니다.

"과학기술 때문에 우리가 꿈꾸어 왔던 유토피아 대신 환경은 파괴되고 생명을 유지하기 힘든 지경에까지 이르게 된 것이지. 멸종

위기에 처한 동식물들이 늘어나고 자연의 이상 기후들이 여기저기서 나타나고 있어. 이걸 보면서 너희들도 환경의 심각성에 대해서 많은 걸 느끼고 있겠지?"

"네."

선생님의 말씀에 아이들이 공감했습니다. 태안반도 기름 유출 사건으로 바다의 생태계가 죽어 간다는 사실을 제쳐 두고서라도 이미 지구의 환경이 나빠지고 있다는 사실은 뉴스를 통해서 날마다 듣는 이야기였습니다.

뿐만 아니라 우리 생활에서도 환경의 문제는 실감할 수 있었습니다. 어른들이 어린 시절에 보았다는 꽃과 나무, 풀과 곤충, 새와 동물들은 이제 주변에서 찾아보기 힘들었습니다. 식물도감이나 동물도감을 통해 관찰하는 경우만 해도 그렇고 여름, 겨울의 기후 변화만 해도 그렇습니다. 여름은 지나치게 덥고 겨울엔 갑자기 폭설이 내리기도 했습니다. 또 아토피를 앓는 친구들도 생겼고요.

"우리는 자연을 떠나서는 살 수 없다는 사실, 모두 알고 있겠지? 우리가 숨을 쉬고 땅에 발을 딛고 사는 한 말야."

"네."

아이들이 제비처럼 입을 모아 합창했습니다.

“맞아요. 인간은 자연 없이는 살 수가 없어요. 그러나 반대로 자연은 인간 없이도 살 수가 있죠.”

천수의 말에 아이들이 감탄했습니다. 반대로 생각해 보니 정말 마음에 꼭 와 닿았습니다.

“천수의 말처럼 그런 사실을 생각해 보면 정말 위기에 처한 것은 자연이 아니라 인간이라는 사실을 알 수 있어요.”

진아가 목소리에 힘을 주어 말했습니다. 아이들은 물론 선생님도 놀라워하는 눈치였습니다. 진아는 왠지 마음이 뿌듯했습니다.

“그래, 너희들 말이 옳다. 그렇기 때문에 자연을 지키고 보존하는 것은 인간의 책임이라는 거야. 그것이 인간이 생명을 보존하고자하는 자기목적을 근본적으로 달성할 수 있는 것이지.”

선생님의 설명에 소율이도 조금 수그러들었습니다.

“선생님 말씀을 듣고 보니 정말 그렇군요? 저는 댐이 건설되면 좋은 점만 생각했어요. 과학기술이 발전해서 오늘보다는 내일이 더 편리해지고 발전할 수 있다는 생각만 했거든요. 그렇지만 생각해 보니 자연이 없으면 그 모든 것이 다 소용없을 것 같아요. 그렇게 따지면 댐 건설이 무조건 좋은 건 아니네요.”

선생님이 흐뭇한 미소를 지으셨습니다.

"'우리가 신을 도와야 한다' 라는 말이 있단다."

선생님의 말씀에 천수가 나섰습니다.

"우와! 그 말 멋있다. 신이 인간을 돕는 것이 아니라 인간이 신을 도와야 한다? 뭔지는 잘 모르지만 아까 제가 반대로 생각했던 것과 같은 거죠? 그렇죠? 그건 또 누가 한 말이에요?"

"한스 요나스!"

선생님의 말씀에 천수가 머리를 긁적였습니다.

"한스 요나스? 그 사람은 또 누구야?"

"독일의 철학자!"

진아와 소율이가 동시에 말하자, 아이들은 의아한 눈빛으로 쳐다보았고 선생님은 미소를 지으셨습니다.

"인간은 모든 자연보다도 우월해. 그래서 더 많은 자유를 누리며 살고 있지. 한스 요나스의 말은 '신이 우리에게 부여한 자유를 지키기 위해서라도 우리가 자연을 지켜야 한다' 는 거야. 자연을 보호하고 지키는 것이 우리의 자유를 지키는 것이고, 그것이 바로 우리에게 자유를 준 신을 돕는 것이란다."

"아하!"

아이들이 탄성을 내질렀습니다.

"인간은 자유를 위해 자연을 보호해야 할 책임이 있다!"

천수가 도인처럼 말하는 바람에 교실은 또 한바탕 웃음바다가 되었습니다.

책임을 가져요

우리는 '책임' 이란 단어를 어떤 상황에서 자주 쓰나요? 한스 요나스는 책임의 개념을 두 개로 구분합니다. "네가 바닥에 물을 흘렸으면, 네가 닦아야지!" 이런 말 자주 하지요? 이걸 다르게 표현하면 "네가 한 행동의 결과에는 네가 책임을 져야지!"라고 할 수 있어요. 여기서 책임이란 이미 우리가 한 행동에 대한 원인과 결과를 반성하고, 따지는 일입니다. 그런데 한스 요나스가 말한 책임은 이미 행동한 원인과 결과에 따른 책임만 뜻하지 않아요. 앞으로 계속 행위 해야 할 것에 대한 책임을 지는 일도 말한답니다.

행위 해야 할 것에 대한 책임은 앞으로 행위를 해야 할 사람이 주체가 되어 도덕적으로 책임을 져야 한다는 말이에요. 인간과 자연의 관계는 어떤가요? 인간은 자연을 도구로써 사용하고, 지배하는 행동을 하고 있잖아요. 하지만 행동에서 끝나는 것이 아니라 앞으로 자연에게 행동할 행위에 대한 책임도 함께 져야 해요.

인간은 권력을 가지고 자연에 위험을 줄 수 있기 때문에 자연에 대해 책임을 져야 할 의무를 지니고 있어요. 책임은 의무를 다해야 할 존재에 대해 마땅히 배려를 해야 하는 일이죠. 책임은 모든 자연생태에 대해 나뿐만 아니라 우리 모두를 위해서 권리와 도덕적 의무를 져야 한다는 것을 뜻해요. 우리에게 지식이 쌓이고, 기술 발전을 통해 세계가 더 넓어지면서 우리의 욕구는 점점 커지고 있어요. 욕구는 자연환경과 생명체에 많은 위험을 안겨 줄 수 있는데, 우리는 환경과 생명체를 책임져야 하겠죠?

한스 요나스는 우리가 자연환경을 책임지고, 배려해 줘야 한다는 생각을 가지려면 사람들의 생각이 크게 변해야 한다고 말합니다.

한스 요나스는 책임의 종류를 다양하게 나누었는데요, 어떤 책임들이 있는지 알아볼 거예요.

책임의 종류

① 상호 간의 책임과 일방적 책임

가끔 뉴스에서 에베레스트 산을 오르다가 목숨을 잃거나 가까스로 구조되는 경우를 본 적 있나요? 험한 산을 여러 명과 오르는 일은 위험한 행동입니다. 하지만 위험에도 불구하고 사람들이 산을 오를 수 있는 건 서로가 서로를 신뢰하고 보호해 준다는 믿음이 있기 때문이에요. 산을 오르는 모든 사람들은 자신의 안전을 위해 다른 사람을 신뢰하고, 서로의 보호자가 되죠. 이럴 때 우리는 상호 간에 책임을 가진다고 해요.

일방적인 책임은 수직적인 관계에 있는 부모와 자식 사이에서 볼 수 있어요. 부모와 자식은 서로 특별한 혜택을 주고받는 관계가 아니에요. 자식들이 존재하는 한 부모는 자식들에 대해 모든 희생을 다하며 기회에 따라 임시적이지 않고 지속적인 책임을 가지고 있어요.

② 자연적 책임과 계약에 의한 책임

부모의 책임에서 볼 수 있듯이, 자연적으로 존재하는 책임은 미리 동의를 구하는 것에 의존하지 않으며 취소할 수 없어요. 이러한 책임은 세계의 어느 곳에도 있죠.

계약에 의한 책임은 다른 사람에게 일을 주고 맡김으로서 생기는 책임이에요. 예를 들어 어떤 직책을 맡으면, 해야 하는 일에 따라 가지는 책임도 달라지죠.

③ 스스로 선택한 정치인의 책임

정치인은 더 많은 책임을 가지기 위해 권력을 잡고자 해요. 권력은 나름대로 매력을 지니고 있어요. 예를 들어 명망, 명성, 명령의 쾌락, 영향력의 발휘, 세상에 자신의 흔적을 크게 남기고자 하는 것들이죠. 특히 권력을 쫓는 정치인의 속마음에는 명예를 얻고자 하는 욕구가 깊숙이 숨겨져 있어요.

정치인에게 명예욕이 있다고 하더라도, 그렇게 흠잡을 일은 아니에요. 다만 이 명예는 자신의 이익이 아닌 공동의 이익을 위해 책임을 다할 때 지켜져요. 다시 말해 정치인은 모든 시민들이 누려야 할 국가와 사회에 관계되는 이익을 위해 권력을 행사할 때 그 영광을 최대한 누릴 수 있죠. 다만 '~에 대한' 권력이 아니에요. 바로 '~을 위한' 것이 권력의 목적이 된다는 사실이지요. 권력이 "~을 위한" 목적이 될 때 책임의 본질이라고 할 수 있어요.

④ 특정한 책임과 총체적 책임

특정한 책임은 개인의 특정 부분과 특정 시기에 한정되어 있어요. 예를 들어 승객을 위한 선장의 책임, 의사의 진료 행위 등이 있지요.

총체적인 책임은 행동 이후에 무엇이 일어날 것이며, 어디로 이르게 될 것인가 등을 묻는 역사적인 것을 말해요.

3

공포의 발견술

과거와는 다르게 이미 변화 과정을 겪은 인간 행위의 본질에 변화를 가져와야 한다.

— 한스 요나스

1 유토피아의 환상

"우리도 뭔가 대책을 세워야 하는 거 아니에요?"

진아네 가족은 저녁식사를 마치고 텔레비전 앞에 모여 뉴스를 보고 있었습니다. 텔레비전 속의 태안반도는 기름 유출 사건 이후, 전국 각지에서는 기름을 제거하기 위해 몰려온 사람들로 붐볐습니다. 환경오염의 심각성에 대해 절실히 깨닫게 된 봉사자들은 바위에 묻은 기름때를 천으로 정성껏 닦았습니다.

진아네 가족은 뉴스에 쏙 빠져 쯧쯧 혀를 차기도 하고, 봉사자들의 단합된 힘에 감탄을 쏟아 내기도 했습니다. 그런데 갑작스런 엄마의 말에 진아와 진수, 아빠는 눈을 동그랗게 떴습니다.

"갑자기 그게 무슨 말이야?"

아빠가 다시 한 번 물었습니다.

"이대로 앉아 있다가 쫓겨나듯 이사할 수는 없잖아요? 우리도 뭔가 대책을 세워야지."

진아는 엄마가 댐 문제로 말씀하시는 것을 알 수 있었습니다.

"그러니까 그게 무슨 말이냐고? 무슨 대책을 어떻게 세워? 지금 우리가 댐 건설 반대 운동을 하고 있는데!"

아빠는 답답하신 듯 언성이 높아지셨습니다.

"그게 무슨 대책이에요? 댐 건설 반대하는 건 우리 입장이지만, 어쨌든 시간이 지나면 댐은 건설될 테고 우리는 이사를 가야 하지 않겠어요? 우리같이 힘없는 사람들이 아무리 우겨봤자 그게 우리 마음대로 되냐고요. 그러니 우리도 대책을 세워야지요. 최대한 보상금을 많이 받을 수 있게 말이에요."

엄마는 흥분하신 모양이었습니다. 평소 때보다 목소리가 높아지셨습니다.

"그럼, 당신 말은 우리도 홍씨처럼 한 뼘마다 감나무를 심어야 한다는 말이야?"

아빠가 비꼬듯 말씀하셨습니다.

"할 수만 있다면 그렇게라도 해야지요. 당신만 바보처럼 군청으로 어디로 뛰어다니면서 야단이에요. 다들 보상금을 많이 받으려고 못 쓰는 돌밭에 고추를 심어 놓고 여기저기 새는 집을 수리하고 야단이랍디다. 왜 그러겠어요? 어차피 보상을 받게 된다면 한 푼이라도 더 받으려고 그러는 거지."

엄마의 목소리는 점점 더 크고 높아졌습니다. 이러다가 괜히 엄마 아빠께서 부부싸움이라도 하시는 게 아닐까 걱정되었습니다.

"그 뿐인 줄 아세요? 이젠 농사 지어서 먹고살기 힘들다는 것쯤은 누구나가 아는 사실이라고요. 벌써 최씨는 낚시터를 한다고 땅을 사 놓았고, 소 부잣집 이씨는 펜션 한다고 여기저기 알아보러 다닌다더군요. 화물 트럭을 운전하네, 공장에 다니네, 장사를 하네, 사람들은 뭐든지 새로운 일을 찾으려 궁리 중인데 당신만 태평하게 있다고요. 진아, 진수는 점점 커 가는데 가장이라는 당신은 어쩜 이렇게 태평해요?"

엄마는 눈물까지 글썽거리셨습니다. 아빠는 그런 엄마를 보고 한숨을 내쉬었습니다. 진아는 엄마의 말을 듣고 보니 문제가 심각하다는 생각이 들었습니다. 정말 댐이 만들어지고 이사를 가야 하는데 오갈 데 없이 길에 주저앉고 마는 건 아닐까요? 진아는 걱정스러운 눈빛으로 아빠를 쳐다보았습니다. 아빠의 얼굴에 그늘이 졌지만, 굳게 다문 입가엔 강한 의지가 엿보였습니다.

"불안한 당신 마음을 몰라서 하는 말이 아니야. 그렇지만 댐 건설을 반드시 막을 수 있어. 우리는 이곳을 떠나서 살 수 없어. 어디 가서 무엇을 하고 산다고 한들 이 곳에서 사는 것보다 좋을 리도 없고. 우리가 이대로 우리의 이익만 챙겨 떠난다면, 우리는 자연이 망가지는 광경을 망연자실하게 쳐다볼 수밖에 없어. 저기 저 태안처럼 말이야."

아빠는 텔레비전을 가리키셨습니다.

기름을 뒤집어 쓴 물새가 날지 못하고 날개만 파닥거리며 신음하고 있었습니다. 물고기들은 하얀 배를 뒤집고 집단으로 폐사했고, 조개들은 속이 텅 빈 채 쩍쩍 갈라져 있었습니다. 살아 숨 쉬던 갯벌은 그야말로 쓰레기장이 되고 말았습니다.

"우리가 보상금을 받고 새로운 일을 찾아 떠나면, 우리 마을은 흔적도 없이 물에 가라앉고 철새와 아름다운 꽃들이 자라는 곳엔 포크레인이 지나가고 거대한 댐이 들어설 거야. 주변의 모든 동물들도 죽거나 그곳을 떠나야 하고."

아빠의 이야기를 듣고 있던 진수가 슬그머니 말했습니다.

"그런데 아빠! 친구들은 댐이 만들어지는 게 다 우리를 위해서래요. 물이 부족하니까 물도 저장해 주고 홍수도 막아 주고 에너지도 만들어 주고……. 그 모든 게 과학기술이 발전해서 그렇대요. 그러니 그건 좋은 거고, 우리가 더 잘살기 위한 거래요."

진수의 말에 진아는 놀랐습니다. 진수가 말한 것이 진아네 반에서 오랜 시간동안 토론한 주제와 같았으니까요. 그동안 진수를 어리다고 놀렸는데 진수 역시 우리 마을에 댐이 건설되는 일로 여러 가지 생각이 많았나 봅니다. 그러니 친구들과 그런 이야기도 나눌 수 있었겠지요.

"진수야, 다른 쪽으로 생각해 봐. 그동안 우리가 과학기술을 발전시킨다고 얼마나 많은 환경을 파괴해 왔니? 진수가 알다시피 가장 대표적인 예가 지구 온난화 같은 건데, 이미 그러한 기후변화로 생태계는 위협을 받고 있단다."

"그건 물론 잘 알고 있죠. 벌써 빙하가 많이 녹아서 물에 가라앉은 땅도 많고 기온도 올라가고 그래서 멸종된 동물과 식물도 있고……. 엘니뇨 같은 현상 때문에 태풍이나 홍수도 많이 일어나고……. 그래서 댐도 필요하고…….”

진수는 많은 정보를 알고 있는 것 같았지만 약간 횡설수설했습니다. 그러나 말의 핵심은 잘 알아들을 수 있었습니다.

“그래서 댐이 건설되면 환경이 파괴되고 또 생태계가 무너져 그런 악순환이 계속되는 거지!”

아빠의 말씀에 말을 잇던 진수가 “그러네요?” 하면서 깜짝 놀랐습니다.

“아빠 말이 맞아요. 그러고 보니 댐 건설이 오히려 환경을 파괴하네요? 왜 친구들하고 말할 때는 그걸 몰랐지? 과학기술이 발전해서 오히려 우리가 잘 사는 줄만 알았는데? 어휴, 그걸 미리 알았으면 친구들한테 잘난 척할 수 있었는데…….”

진아는 어이가 없어 웃고 말았습니다.

“산업이 발전하면서 우리는 진수가 말했던 대로 위기에 처하고 말았어. 그러니까 우리의 의식 속에 자리 잡은 ‘진보의 유토피아’를 버려야만 해.”

“진보의 유토피아요?”

진아가 물었습니다.

“지금까지 우리는 과학기술이 우리의 삶을 더욱 풍요롭게 발전시켜 유토피아를 만들 수 있을 거라는 환상에 빠져 있었단다. 그런데 지금의 현실은 어떠니? 과학기술만 쫓다 지구온난화 때문에 생태변화를 일으켰고, 자연이 훼손되니까 인간마저 살기 어려운 환경으로 만들고 있지 않니?"

진아는 어제 선생님께 들었던 이야기를 떠올렸습니다.

"또 기술 발달로 의학도 발전했지. 하지만 새로운 병은 계속 생기고 있어. 그런 모든 것들이 바로 우리가 지금까지 만들어 놓았던 유토피아 환상의 결과란다."

"아는 것이 힘이라는데, 오히려 아는 것이 병이 되고 말았네요?"

"맞아!"

진수의 말에 아빠는 흐뭇하게 웃으셨습니다.

"베이컨은 아는 것이 힘이라는 철학을 가졌지. 인간이 자연을 과학적이고 기술적으로 이용하고 지배하는 행동이 정당하다고 했어. 하지만 이젠 그것과 결별해야만 한다고 했어. 그것이 바로 인간의 책임이라고 했지."

"누가요?"

아빠의 말에 진수가 물었습니다. 진수는 아빠가 누군가의 말을 대신하고 있다는 생각이 들었습니다.

"한스 요나스 아니에요?"

진아의 말에 이번에는 아빠가 놀란 눈치였습니다.

"그걸 네가 어떻게 알았니?"

"그럼 아빠는 어떻게 알았어요?"

"한스 요나스는 환경에 관심이 있는 사람이라면 모두 아는 철학자야. 한스 요나스가 쓴 《책임의 원칙》이라는 책이 우리나라엔 1994년에 번역되어 들어왔는데, 그때 아주 인기가 많았어."

"우와, 그런 철학자의 책도 인기가 있을 수 있나?"

진수의 말에 아빠가 웃으셨습니다.

"아빠도 10년 전에 그 책을 읽었는데, 아주 매력적이었지. 우리가 지금 무엇을 우선으로 살아가야 하는지 명쾌하게 답을 주었거든. 농촌에서 사는 것을 떠나 이 푸른 별 지구에서 살아가는 모든 사람들이 읽어야 할 책이라고 생각했어. 그런데 우리 진아는 어떻게 알았니?"

"저도 어제 선생님께 들었어요. 태안 기름 유출 사건이나 댐 건설이 자연을 훼손시키고 있잖아요. 그것을 막고 자연을 보호하기 위해선 인간에게 책임이 있다는 이야기를 했거든요."

"그랬구나."

아빠는 뿌듯했습니다.

"그런데 아빠, 지금 갑자기 생각났는데요, 댐이 좋은 점이 또 있어요. 우리 반 지호네 아빠 있잖아요?"

진수가 말했습니다.

지호아빠는 마을에서 아주 유명합니다.

지호아빠는 술을 아주 좋아하십니다. 낮에도 밤에도 술에 취해 있을 때가 많습니다. 지호네는 도시에서 살았는데 지호아빠 사업이 망하면서 엄마도 도망가고 아빠는 술로 하루하루를 견디면서 막노동을 했다고 했습니다. 그러나 도시에서 막노동만으로 먹고 살기엔 너무나 힘들었습니다. 월세도 내지 못하고 밥을 굶는 때도 많았다고 했습니다.

그래서 흘러흘러 이 산골 마을까지 들어왔지만 살기 어렵기는 마찬가지였습니다. 그나마 인심 좋은 마을 사람들이 도와 끼니는 때우며 살고 있지만 그것이 대책일 수는 없었습니다. 술이 깨면 지호아빠는 일을 하러 나가야지 했습니다. 하지만 언제나 말뿐이었습니다. 땅 한 평 없는 지호네가 농사를 지을 수도 없었고 남의 농사를 도울 만큼, 마을의 농사일이 바쁜 것도 아니었습니다. 그렇다고 도시처럼 막노동을 할 수 있는 일자리가 흔한 것도 아니었고요.

"지호는 자기네 아빠가 일을 할 수 있게 빨리 댐이 건설됐으면 좋겠대요. 지호아빠는 막노동을 해서 건설 기술을 가지고 있는데 댐을 만들려면 노동이 필요하니까 거기에 나가서 일을 하면 돈을 벌 수 있잖아요? 지호는 잔뜩 기대에 부풀어 있어요. 아빠가 일을 하시면 술을 드시지 않을 것이고, 또 일을 하면 돈도 생기니까 지금처럼 어렵게 살지도 않을 테고…… 그래서 지호네를 위해서라도 댐이 만들어지면……."

안타까운 지호네 사정을 아는 우리 가족은 한동안 지호 생각에 아무 말도 하지 못했습니다. 아빠가 말씀을 하셨습니다.

"당장 지호아빠가 일을 할 수 있다는 것만 생각하면 그것이 좋은 일일 수도 있단다. 그렇지만 그런 것을 좇다가 우리의 현실이 환경파괴로 이르렀다는 결론을 잊어버려서는 안 될 것 같구나."

"아, 결국 파괴된 자연환경이 우리에게 남아 있는 거구나……."

"마르크스 역시 진수가 말한 것처럼 노동자를 위한 행복에 대해 말했단다. 노동을 통해 계급 없는 사회를 만들어 새로운 유토피아

××건설

를 꿈꾸었어."

진수는 손을 번쩍 들며 말했습니다.

"'일하지 않는 자는 먹지도 마라!' 하는 것처럼요?"

"허허, 그래. 정당한 노동의 대가로 행복해지는 삶을 꿈꾸었지. 그래서 너도나도 노동을 통해 잘 살아보려고 애를 쓴 거야. 무엇을 위한 노동을 하고 있는지에 대해선 생각하지도 않고 말이야. 노동을 통해 정당하게 얻는 자본에 대해서만 생각했지. 그러나 사람들의 노동은 산을 깎고 물을 막아 공장을 세우고 도로를 만들고……. 그로 인해서 자연이 가공되고 변형되었다는 사실을 잊어버렸단다. 그래서 앞서 말했던 한스 요나스가 베이컨과 마르크스의 철학을 부정하고 비판한 거야."

아빠는 차근차근 설명해 주셨습니다.

"그래서 인간이 자연에 책임의식을 가져야 한다는 말이군요. 인간의 목적이 자연을 훼손시켰고 결국 인간조차 살 수 없는 환경을 만들었으니……."

진아는 친구들, 그리고 선생님과 나누었던 말이 생각났습니다.

"그래도 다른 사람들은 댐 건설이 된 이후, 어떻게 살아야 할지에 대해 계획을 세우는데……."

엄마는 말끝을 흐렸습니다. 아빠의 말은 이해가 되지만 쉽게 마음이 움직이지는 않는 모양이셨습니다.

"그런 이기적인 생각이 불행을 가져온다는 걸 왜 모르고……. 여보, 당신이 무엇을 불안해하는지 알겠어. 그렇지만 우리가 여기서 포기하면 더 큰 불행이 오게 될 거야. 당장이 아니라 미래에 말이야. 눈앞에 있는 이익을 생각하지 말고 더 먼 미래에 대해 생각해 보자고."

진아는 아빠 대신 엄마의 손을 꼭 잡았습니다.

진아는 오늘 아빠의 이야기를 들으면서 마음속으로 한 가지 다짐을 했습니다. 댐 건설을 반대하는데 앞장서야 한다고. 그것이 당연한 인간의 책임이라는 사실을 마음속에 새겨 넣었습니다.

"우리 가족 모두 아빠의 생각에 따라와 줄 수 있겠지?"

아빠가 주먹을 쥐고 "파이팅!" 하고 외쳤습니다. 진아네 가족은 모두 손을 높이 들었습니다.

"파이팅!"

2 태안반도로 가자

오늘은 겨울 방학식이 있는 날입니다. 아이들은 방학 동안 도시에 있는 친척집에 간다, 가수 콘서트에 간다, 학원에 다닌다, 계획을 세우느라 즐거웠습니다. 아이들의 말만 들어도 괜히 설레었습니다.

"진아야, 넌 방학 하면 제일 먼저 뭐하고 싶어?"

소율이가 물었습니다.

"나는 서울에 있는 이모들과 외할머니, 사촌들하고 하롱베이에 가기로 했어. 알지? 베트남에 있는 하롱베이. 텔레비전에도 많이 나왔잖아."

소율이가 들떠서 말했습니다. 진아는 텔레비전 선전에 나왔던 하롱베이를 떠올렸습니다. 자연 경관이 빼어난 하롱베이가 눈앞에 펼쳐지는 듯했습니다.

"그래? 정말 좋겠구나. 거기 정말 아름다운 곳이라며?"

"수천 년 전의 자연이 그대로 보존된 곳이래. 나도 말로만 들어봤으니까 잘 모르지만, 어쨌든 정말 자연 그대로 잘 보존된 곳이래. 생각만 해도 가슴이 마구 뛰어. 나 태어나서 비행기 한 번도 못 타봤잖아. 이번에 처음으로 타보는 거라서 무척 설레."

소율이가 꿈을 꾸듯 말했습니다.

진아 또한 비행기를 타 본 적이 없었습니다. 하롱베이가 얼마나 아름다운지는 텔레비전을 통해서 보았으나 많은 관광객들 때문에 하롱베이가 몸살을 앓고 있다는 이야기도 들었습니다. 이젠 너무나 유명해진 하롱베이가 관광객들에게 시달려 많이 훼손되었다는 이야기도 들었습니다. 그것이 안타까웠지만 진아는 소율이에게 어떤 이야기도 하지 못했습니다. 꿈을 꾸듯, 설렘으로 가득 찬 소율에게 그런 이야기를 한다는 건 기분 나쁠 수도 있기 때문이었습니다. 어쨌든 진아는 비행기를 탄다는 소율이가 부러운 건 사실이었으니까요.

"진아 너는 방학동안 뭐하고 싶어? 어디 갈 건데?"

"난……."

그때 선생님께서 들어오셨습니다. 떠들썩하던 교실이 잠잠해졌습니다.

"오늘이 겨울 방학식이지?"

"네!"

아이들의 목소리가 얼마나 우렁찬지 교실이 다 떠내려갈 뻔했습니다.

"방학 계획은 많이 세웠니?"

선생님의 말씀에 여기저기서 웅성거렸습니다. 제각기 자기의 계획에 대해서 말하느라 왁자지껄했습니다.

"계획대로 모두 실천하기는 힘들 테지만, 많은 걸 경험하고 느껴보도록 해. 계획보다도 실천이 중요하다는 것, 모두 잘 알고 있지? 많은 계획 중에서 꼭 한 가지는 실천하고."

"네!"

"그래서 말인데요……."

진아가 손을 들고 슬그머니 일어났습니다. 아이들이 의아한 표정으로 진아를 쳐다보았습니다.

"계획보다도 실천이 중요하다는 선생님 말씀을 이번에 꼭 지켜 보고 싶어요. 이번 겨울방학 계획은 태안반도에 봉사활동을 하러 가는 것입니다."

"우와!"

아이들이 놀란 눈을 하고 진아를 쳐다보았습니다.

"그런데 이런 생각을 해 보았어요. '나 혼자가 아니라, 친구들, 선생님과 함께 가는 것은 어떨까' 말이에요. 우리는 지난 시간에 자연에 대한 인간의 책임을 말했잖아요?"

"그래, 한스 요나스가 인간의 책임이 중요하다고 그랬잖아."

소율이가 말했습니다.

"그런데 '한스 요나스의 주장이 무엇이다' 하는 것으로 이해하기엔 정말 알지 못하는 것 같아요. 정말 알고 느낄 수 있으려면 경험해 봐야 하지 않을까요?"

선생님은 웃으시며 진아에게 이야기를 계속하라고 하셨습니다.

"그래서 제가 제안을 드리고 싶어요. 거창한 계획 같지만 우리 모두가 실천할 수 있는 계획. 우리 학교 학생들이 태안반도로 봉사활동을 가서 기름 유출이 환경을 어떻게 망가뜨리는지, 우리가 왜 자연에 대해 책임을 져야하는지에 대해 다시 한 번 생각해 봤으면 좋겠어요."

진아의 말이 끝나자 여기저기서 웅성거렸습니다.

"진아의 말대로 봉사활동을 가는 것은 좋은 경험일 것 같아요. 저도 봉사하고 싶은 마음은 있지만, 어떻게 해야 할지 몰랐거든요. 선생님이 우리를 데리고 함께 가 주신다면……."

"겨우 하루 봉사한다고 그게 진정한 봉사겠어? 생색만 내는 일일 뿐이지."

"봉사의 의미도 있지만, 우리가 직접 현장을 체험한다는 데 의미가 있는 것 아니겠어?"

"그곳엔 일손이 많이 부족하대. 기계로 뚝딱 해치울 수 있는 일이 아니라 천으로 일일이 돌을 닦아야 하는 일이기 때문에 사람 손이 절실히 필요하다는데……."

"우리 마을 댐 건설도 해결되지 않아 어수선한데 우리가 그런 곳에 간다고 하면……."

"같은 의미에서 환경을 위한 일인데, 뭐."

"나는 여행 가기로 했는데……."

"야! 딱 하루 봉사활동 가는 건데 그것도 못하냐? 여행을 내일 당장 가는 것도 아니고. 너 비행기 탄다고 자랑하고 싶은 거지?"

아이들이 서로 자기 의견을 주장하느라 교실은 아수라장이 되고 말았습니다.

"단 하루라도 단 1분이라도 우리의 손길이 닿는다면 돌멩이 하나가 기름때를 벗게 돼. 그것만 생각하고 우리 모두 함께 가는 건 어때?"

진아가 말했습니다. 아이들이 갑자기 숙연해졌습니다. 아무리 뉴스에 관심이 없다고 해도 태안 기름 유출 사건에 대해 그 심각성을 모르는 아이는 아마 한 명도 없을 것입니다. 그렇기 때문에 친구들은 진아의 제안을 받아들일 수밖에 없었습니다.

"저는 찬성이요!"

천수가 손을 번쩍 들었습니다.

"누가 반대래?"

그런 천수를 쳐다보며 소율이가 말하자 아이들이 너도나도 소리쳤습니다.

"맞아!"

"가자!"

"태안으로!"

아이들은 모두 같은 생각, 같은 마음으로 태안으로 봉사활동을 가기로 했습니다. 아이들은 헌옷을 챙긴다, 장갑을 챙긴다, 마스크를 챙긴다며 야단들이었고 선생님도 승합차를 빌리기 위해 여기저기 알아보신다고 했습니다. 이번 겨울방학은 그 어느 해의 겨울방학보다 분주하고 설레었습니다. 왜냐하면 방학을 하자마자 친구들이 모두 같은 계획을 세웠고 또 실천하기 위해 마음을 모았으니까요. 오래도록 기억에 남는 방학이 될 것 같았습니다.

3 책임의 동기를 묻다

어른들은 아침 일찍부터 군청으로 가셨습니다.

그동안 진아아빠는 마을 사람들을 설득했습니다. 보상금에 연연하거나 앞으로 대책에 흔들리지 말고, 마을을 지키고 환경을 지키기 위한 댐 건설에 반대하자고 말입니다. 댐 건설에 반대하는 의견을 모아 힘을 합쳐 싸우자며, 일일이 마을 사람들을 찾아다녔습니다. 대체로 마을 사람들은 댐 건설을 반대했지만, 앞으로의 일을 걱정해 대책을 세워야 한다며 슬그머니 꼬리를 뺐습니다. 그러나 아빠는 그런 약한 마음이 마을을 물에 가라앉게 만들 수도 있다며, 사람들에게 함께 댐 건설에 반대하자고 말했습니다.

댐 건설 반대시위에 박차를 가하는 어른들의 의지처럼 태안반도로 봉사활동을 가는 우리들의 의지도 대단했습니다. 추위와, 몸에 안 좋은 물질이 닿을 것에 대비해 옷을 여러 겹 입었고 마스크를 쓰고 목도리도 단단히 둘렀습니다. 그리고 쌀자루 한가득 헌옷이나 천, 폐 현수막 등을 모았습니다.

"준비 다 됐지?"

선생님은 승합차에 올라탄 아이들을 다시 한 번 세었습니다. 진아, 소율, 천수, 용진, 혜민이까지 5학년 친구 모두와 진아의 동생 진수, 4학년 미영이, 이렇게 선생님을 포함해 모두 8명이 모였습니다.

안면도로 진입하자 차가 막혔습니다. 봉사하러 온 사람들의 차량으로 도로는 북적였습니다. 많은 사람들이 봉사를 하기 위해 몰려든 것이기 때문에 차가 막혀도 지루하거나 짜증나지 않고 마음이 뿌듯했습니다.

"어머나!"

"큰일이다!"

"이렇게까지……."

꽃지 해수욕장에 도착한 우리들은 저마다 탄성을 질렀습니다. 아름다운 백사장이 펼쳐져 관광지로 유명한 꽃지 해수욕장이 검은 기름으로 뒤덮여 있었습니다.

이미 봉사를 하고 있는 사람들의 흰 방제복은 기름때로 검게 물들었습니다. 삽으로, 양동이로 퍼낸 기름 무더기가 큰 함지박에 가득했습니다. 아이들과 여자들은 바위 위에 걸터앉아 천으로 기름을 닦았고 힘이 센 남자 어른들은 해안으로 떠밀려 온 타르 덩어리들을 삽으로 퍼내 담았습니다.

봉사하러 온 사람들 중에는 연예인도 있었고, 사고현장이자 봉사현장을 촬영하기 위해 온 기자들도 많았습니다.

"우와, 저 사람 개그맨 맞지?"

"저 사람은 가수야."

"야, 저기 촬영하고 있나 봐. 카메라로 찍고 있어. 우와, 실제로 보니까 저 가수 진짜 예쁘다. 히히."

용진이는 가수를 쳐다보느라 하마터면 돌멩이에 걸려 넘어질 뻔 했습니다.

"앞 좀 보고 다녀라. 너 온몸으로 기름을 닦으려고 그래? 이걸로 닦아."

소율이가 용진이에게 헌 옷을 던져주며 흘겨보았습니다.

"으응……."

용진이는 여전히 가수에게서 눈을 떼지 못했습니다.

"정말, 못 말린다니까!"

소율이가 그런 용진이를 나무랐습니다.

"얘들아, 우리는 다른 사람들에게 방해가 되지 않도록 이곳에서 기름을 닦자."

선생님이 손짓했습니다. 우리는 우르르 몰려가 자리를 잡고 바위에 앉아 돌멩이에 묻은 기름을 닦았습니다.

"물과 기름은 서로 분리된다더니 왜 이렇게 기름이 바위에 들러붙었지?"

"원유라서 그래."

우리들은 기름으로 뒤덮인 바위와 돌멩이를 안타깝게 바라보며 열심히 닦았습니다.

"이것 봐."

천수가 소리쳤습니다.

천수가 가리킨 것은 마치 해초 덩어리 같았습니다. 적갈색의 끈

적끈적한 덩어리를 두 손으로 건져 냈습니다. 타르 덩어리였습니다. 아이들이 눈을 찌푸렸습니다. 바위 틈새마다 그런 타르 덩어리들이 가득했습니다. 우리는 타르 덩어리를 양동이에 담고 돌멩이를 정성스럽게 닦고 또 닦았습니다.

"정말 끔찍해요. 눈으로 직접 확인하고 나니 환경오염이 더 실감나요."

진아의 말에 선생님도 쯧쯧 혀를 찼습니다.

"그러게, 이걸 다 어쩌면 좋니?"

기름때는 하루 이틀 닦아서 될 일이 아닌 것 같았습니다. 온통 기름투성이라 어디서부터 어떻게 닦아내야 할지 막막했습니다.

"엄마야!"

진수가 소리를 질렀습니다. 바위 틈새에서 죽은 작은 물고기를 발견했습니다. 처음엔 모두 그것이 기름덩어리인 줄 알았습니다. 그러나 기름을 뒤집어 쓴 물고기였습니다. 바위에 붙어 자라는 어린 굴과 홍합은 껍데기가 모두 벌어져 그 사이마다 기름이 가득 찼습니다.

"이게 바로 우리 인간이 자연에게 저지른 짓이야. 과학기술이 발전하면 우리는 더 좋은 환경에서 살 수 있을 거라고 생각했어.

하지만 결국 이렇게 닥친 재앙을 막을 수 없는 거야."

선생님 말씀에 아이들은 숙연해졌습니다. 선생님의 어떤 설명도 직접 보고 체험한 것에 비할 것이 못 되었습니다. 태안반도 기름 유출 현장에서 아이들은 이미 많은 걸 느끼고 있었습니다.

"이렇게 될 때까지 대체 정부에서는 무엇을 한 걸까요?"

답답하다는 듯 진수가 말했습니다.

"기름막이를 치고 약품을 뿌렸다고 하잖아. 결국 아무 소용은 없었지만……."

용진이가 힘없이 말했습니다.

"과학기술이 발전하면 뭐해? 이렇게 될 때까지 손도 못 대고 있잖아."

천수도 허탈하기는 마찬가지였습니다.

"맞아, 과학기술로 인해 환경오염과 같은 부작용이 생겼어. 그래도 사람들은 여전히 기술이 그런 문제를 해결할 수 있을 거라 생각했지만, 결국 해결되는 일은 아무 것도 없단다."

선생님의 말씀에 아이들은 또 한 번 절망했습니다.

"그러니까 모두 자연으로 돌아가야 한다니까!"

도인 같은 천수가 도인 같은 대책을 내놓았습니다.

"그렇다고 '자연으로 돌아가라' 식의 낭만적인 생각만 할 수는 없어. 문제를 피하듯 무작정 자연으로 돌아가자고 하는 건 무책임한 행동이 아닐까?"

선생님이 한숨을 내쉬었습니다.

"대체 그럼 우린 어떡해야 하는 거죠?"

천수도 선생님처럼 한숨을 내쉬었습니다.

"그러니까 한스 요나스가 인간의 책임이라는 말을 한 거 아니야. 넌 지난번에 무슨 말을 들은 거야? 까마귀 고기를 삶아 먹었니?"

소율이가 말했습니다.

"하하하!"

아이들이 웃었습니다. 선생님도 따라 웃었습니다.

"그래, 인간이 만들어낸 위험은 결국 인간이 해결할 수밖에 없어. 그러니 인간이 책임의식을 가져야 할 수밖에. 그것은 인간도 역시 자연의 일부라는 사실을 인정하는 태도에서부터 가능한 것이란다."

"맞습니다요! 선생님 말씀이 맞아요. 지금이라도 그런 책임의식을 갖지 않는다면 이런 일이 또 생기지 않으리란 법은 없을 테니까요. 이번 일을 계기로 우리가 자연에 대해서 도덕적인 책임자라는 사실을 깨달아야 한다니까요. 또 이런 일이 일어나면 어떡하겠어요?"

천수의 말에 선생님이 기름 묻은 손으로 엄지를 들어 보이며 "최고!"라고 말씀하셨습니다. 열심히 돌을 닦던 용진이가 선생님의 칭찬이 부러운지 볼멘소리로 말했습니다.

"야, 오천수! 넌 어째 모든 일에 그렇게 부정적이냐? 앞으로 또 이런 일이 일어나면 어떡하냐니? 절대, 무슨 일이 있어도, 다시는, 결코 이런 일이 일어나지 않아야지! 만약에 또 이런 일이 일어난다면 정말 바다는 어떤 생명도 살지 못하는 황폐한 곳이 되고 말거야. 그렇죠? 선생님?"

"용진이 말이 맞아. 인간은 환경에 대한 책임의식을 갖고 다시는 어떤 식으로든 자연을 황폐시키는 끔찍한 일은 만들지 말아야 해. 정말 생각만 해도 끔찍하다."

소율이는 파르르 떨며 죽는 물고기를 애처롭다는 듯이 쳐다보았습니다. 만날 타박만 하던 소율이의 칭찬을 들으니 용진이는 기분이 좋아졌습니다.

"너희들 말이 모두 옳다. 만약 미래에도 이런 불행한 일이 일어난다거나, 혹은 더한 일이 벌어진다고 상상하면 정말 끔찍하지?"

"네!"

선생님의 말씀에 아이들이 입을 모아 대답했습니다.

"그런데 천수가 부정적인 생각을 한 것은 아니야. 미래에 대해서는 유토피아적인 예언을 하는 것보다 오히려 불행한 예언을 하는 것이 더 좋아. 미래에 있을 불행을 예방하게 되는 책임의 동기를 묻는 것이거든. 그러니 천수가 미래의 끔찍한 일을 상상해 본 것은 아주 의미 있는 일이란다."

선생님의 말씀에 용진이가 천수를 흘깃 쳐다보며 머리를 긁적였습니다. 천수는 괜히 어깨를 으쓱였습니다.

"그것을 바로 '공포의 발견술'이라고 해. 미래의 불행을 예방하기 위해 책임의 동기를 묻는 것 말이야."

"공포의 발견술?"

"그렇단다."

아이들이 모두 고개를 끄덕였습니다.

그때 카메라를 든 아저씨 한 분이 우리 곁으로 다가왔습니다.

"이렇게 날씨가 추운데 어린 친구들이 봉사하러 왔구나?"

아저씨는 우리가 대견하신 듯 활짝 미소를 지으셨습니다.

더 이

썩어 가는 바다 속에 신음

먹을 수 없는

농

지구 온난화 가속화가 점점

2020년 5월 23일 금요일 31
식물이
살아 갈 수 없는…
이…
…

아저씨는 케이블 TV 뉴스 채널의 기자라고 하셨습니다. 태안반도에 봉사활동을 온 사람들을 취재하러 왔다고 했습니다. 아저씨는 우리가 산골마을 분교에서 왔다는 사실을 듣고 깜짝 놀라셨습니다.

"아니, 그곳에서 어떻게 이곳까지?"

"산골에도 텔레비전은 나오거든요."

"나라가 온통 태안 기름 유출 사건으로 떠들썩하고 또 환경이 이렇게 오염되고 있는데 가만히 있을 수 있어요?"

"당연하죠. 우리가 나서서 봉사해야죠."

"미래의 기둥인 우리가 자연을 지킬 책임을 가지고 여기 온 거예요. 헤헤."

아이들은 저마다 봉사활동을 하러 온 것을 자랑스럽게 여기며 말했습니다.

"우와, 정말 멋진 아이들이구나? 그럼, 텔레비전에 너희들이 나오는 건 어때?"

아저씨의 말에 이번엔 우리가 깜짝 놀랐습니다.

"우리가요?"

"그럼! 너희처럼 착한 어린이들이 텔레비전에 나와야 많은 사람들이 감동을 받지."

아저씨의 칭찬에 우리는 좋아서 어쩔 줄을 몰랐습니다.

"나는 지금 봉사자들의 인터뷰를 하고 있던 중이란다. 너희들이 인터뷰를 해 준다면 텔레비전에 나올 수 있어. 우선 너희들이 기름때를 닦는 모습을 찍고 그 다음에……."

아저씨가 우리를 둘러보았습니다.

"누가 인터뷰를 하는 게 좋을까?"

"에이, 이럴 줄 알았으면, 좀 멋있게 하고 오는 건데……."

천수의 넉살에 모두가 웃었습니다.

"안 그래도 멋있는데, 뭐."

아저씨의 말에 천수는 멋쩍게 웃었습니다.

"그래, 네가 하는 게 좋겠다."

천수는 손사래를 쳤습니다.

"아니에요. 저는 카…… 카메라 울…… 울렁증이 있어……서…… 요."

천수가 말을 더듬었습니다. 우리들은 그런 천수가 귀여워서 또 웃었습니다.

"진아가 하는 게 좋겠어요. 이곳에 오자고 제안한 아이가 바로 진아거든요."

천수가 진아를 가리켰습니다.

"아니, 저…… 저도……."

"그래, 진아가 하는 게 좋겠다. 네 생각을 편하게 얘기하면 돼."

선생님도 진아를 추천하셨습니다.

"그래. 정말 편안하게, 평소에 말하듯이 하면 돼. 할 수 있겠지?"

아저씨는 진아에게 눈을 찡긋하며 개구쟁이처럼 웃었습니다. 그런 모습이 우스워 진아는 저도 모르게 웃음이 터져 나왔습니다. 아저씨가 카메라를 켜자 진아뿐 아니라 다른 아이들도 긴장이 되었습니다.

"자, 시작."

카메라에 빨간 불이 들어왔습니다. 작은 마이크를 들고 있던 진아는 또박또박 말을 하기 시작했습니다.

"푸른 바다 속을 헤엄치던 물고기와 그 위를 유유히 날던 새들이 제 빛깔을 잃고 검은 기름을 뒤집어 쓴 채 죽어가고 있습니다. 이를 안타까워하는 많은 봉사자들이 춥고 먼 길을 달려왔습니다. 봉사자들은 대부분 참담한 모습에 얼굴을 찌푸렸지만, 바다를 이렇게 만든 것은 다름 아닌 바로 우리들입니다……."

공포의 발견술

여러분은 지구온난화가 무엇인지 알고 있나요? 바로 지구에 해로운 기체가 많이 늘어나서 지구의 온도가 올라가는 현상을 말해요. 지구온난화는 인간이 과학기술을 지나치게 믿고 발전시킨 결과에요.

지구온난화로 인해 2080년 지구 평균 기온이 3도 이상 올라가게 되면 전 지구 생물 중 대부분은 멸종할 것이라는 충격적인 경고가 나오고 있어요. 인류가 생존은 하겠지만 전 세계 인구의 20% 이상은 홍수 위험에 노출되고, 최고 32억 명이 물 부족을 겪는 등 심각한 재난에 시달릴 수 있다고 해요. 게다가 생태계에도 혼란이 일어나 많은 생물이 멸종하고, 농작물이 감소해 인간은 굶주림에 시달리고, 홍수와 폭우가 자주 일어나서 전염병도 늘어나겠지요. 그리고 일본과 같은 섬나라는 바다에 잠길 것이에요. 이러한 상황에서 요나스의 환경철학은 우리 모두에게 많은 시사점을 던져주고 있어요.

한스 요나스는 '공포의 발견술(Heuristik der Furcht)' 이라는 말을 사용해서 과학기술의 발달로 인해 인류의 불확실한 미래의 종말을 예상해 보고 그 대안책으로 미래의 책임윤리를 제시했어요.

예컨대 우리는 살인이 없었다면, 아마도 생명의 귀중함을 알지 못했을지도 몰라요. 또 '살인하지 말라' 는 도덕적 명령의 귀중함을 보여주지 못했을지도 모르겠지요. 그리고 거짓이 없었다면 진실의 가치를 알 수 없었을지도 모르며, 부자유가 없었었다면 자유를 알 수 없었을지도 몰라요. 이런 점에서 우리는 무엇인가 위기에 처해 있다는 사실을 깨달을 때에야 비로소 무엇이 위기에 처해 있는가를 알게 되지요. 우리에게는 악을 깨우치는 것이 선을 깨우치는 것보다 훨씬 쉽다는 것이죠.

따라서 우리가 악이라 알고 있는 것은 선이라 알고 있는 것 보다 더 직접적이며 설득력 있고, 의견의 차이에 시달리지도 않으며 더욱 가식적이지도 않아요. 예를 들어 질병을 보지 않고 건강에 대한 찬가를 읊을 수 없으며, 거짓된 행위를 보지 않고서는 진실을 찬양할 수 없으며, 전쟁의 처참함을 알지 못하면서 평화를 찬양할 수 있을까요?

한스 요나스는 기술공학을 추구하는 행위가 도리어 가장 나쁜 결과를 안겨 주는 미래를 인간이 상상해야 한다고 해요. 이전보다는 오늘날 우리가 하는 행위에 대해 보다 분명한 결과를 예견할 수 있어요. 그런데 만약 그렇지 않고 예견되지 않은 새로운 결과가 나타난다면 어떻게 될까요? 행위의 부정적 결과들로 인해 어떤 위험에 처하게 되어 인간의 생존 가능성을 잘 모르게 됩니다.

한스 요나스는 인류가 기술공학의 혁신을 추구함으로써 '이제까지 인류의 길을 밝혀 주었던 희망의 발견술'을 보여주고자 하는 생각에서 그러한 편견이 필요하다고 생각합니다.

베이컨과 마르크스의 유토피아

20세기 이후 자본주의 사회가 빠르게 진행되면서 인간은 물질적 행복을 이루어 내어 유토피아 사회를 건설하려고 했어요. 이러한 유토피아 사회를 건설하는 것을 지상목표로 삼아 추진한 인물은 베이컨(Francis Bacon, 1561~1626)이에요.

우리에게 가장 익숙한 '아는 것이 힘이다'는 말은 이제 삼척동자도 즐겨 쓰는 용어가 되었죠. 베이컨의 이 말은 인간이 아는 것이 많아질수

록 행복해진다는 뜻이에요. 베이컨은 세심한 관찰과 주의 깊은 실험들, 그리고 거기서 얻어낸 지식은 불행을 막아주고 행복한 삶을 가져다준다고 말했어요. 그러한 지식은 유토피아 정신과 인간을 중심으로 자연을 정복하는 데에 기본적인 힘으로 여기고 있어요. 하지만 인간이 자연을 끊임없이 정복하여 행복을 추구하고자 한 결과 오히려 지금에 와서는 그 역풍을 맞이하고 있어요.

지상에서 인간의 유토피아 세계를 이루고자 하는 대표적 인물은 마르크스(Karl Marx, 1818~1883)예요. 마르크스는 노동을 통해 계급 없는 사회를 만들고자 했어요. 자본이 없는 계급은 일을 열심히 해도 그에 정당한 임금을 얻는 것이 아니라 오히려 노력한 행위만큼 소외를 당하기에 자본가 계급을 없애고 자본이 없는 계층들이 서로 힘을 합했을 때 유토피아의 세계를 만들 수 있다고 했어요. 이러한 노동은 노동도구의 생산력과 소유의 생산관계라는 서로 대립되는 관계가 충돌해요. 물론 마르크스는 베이컨처럼 자연을 정복하여 물질적인 행복을 가지자고 주장하지는 않았어요. 하지만 노동을 통해 먹고살아 가노라면 자연과 충돌할 수밖에 없죠. 그래서 마르크스는 자연의 인간화, 인간의 자연화라는 화해의 철학을 애기합니다. 베이컨의 유토피아가 자연에 대해 인간의 권력을 끊임없이 행사했다면, 마르크스의 유토피아 세상은 계급 없는 사회를 만들고자 했어요.

베이컨, 마르크스, Good bye!

한스 요나스는 인간이 베이컨과 마르크스와 작별 인사를 해야 한다고 했어요. 즉, 자연을 정복하여 과학기술을 발달시켜 유토피아를 만들고자 하는 구상과 노동의 인간 해방을 통해 유토피아를 만들고자 하는 구상에서 벗어나야 한다는 의미에요.

따라서 요나스가 베이컨과 마르크스에게 하고 싶은 이야기는 그들이 애기하는 과학기술의 진보라는 것이, 향후 우리가 살고 있는 세상에서 유토피아가 도래할 것을 예고하는 것이 아니라 오히려 유토피아와 반대되는 세계(디스토피아)가 다가올 수 있음을 경고해요. 그래서 한스 요나스는 막연한 유토피아의 꿈을 접고 문화와 기술 비판을 통해 미래의 관점을 올바르게 제시해야 한다는 것이죠. 따라서 한스 요나스의 생태에 관한 윤리는 현 세대뿐만 아니라 미래 세대를 위한 윤리에요.

이러한 미래 세대에 대한 윤리는 현 세대가 미래 세대에 대한 책임뿐만 아니라 미래 세대에 대한 의무랍니다. 따라서 21세기의 생태 문제는 아직도 인간이 얼마만큼 행위할 수 있는가가 아니라 자연이 얼마나 견딜 수 있는가 하는 거예요.

4

새로운 책임윤리

1. 우리 마을을 지키자
2. 신성한 자존심에 대한 의무
3. 우리 마을에 놀러 오세요

우리로 인해 실제로 위협받는 것은 오직 살아있는 자연이다. 살아있는 자연 안에도 아주 특별한 자연, 우리의 존재 자체인 그런 종류의 자연, 정신을 보여 주는 종류의 자연이 위협받고 있다.

— 한스 요나스

1 우리 마을을 지키자

"야, 진아 너 정말 말 잘하더라? 못한다고 하더니만……."

결국 진아와 함께 인터뷰를 하게 된 천수가 말을 많이 더듬어 중간에 포기를 하고 말았습니다. 천수는 당당하게 자신의 생각을 말하는 진아가 부러웠습니다. 진아는 인터뷰를 할 때보다 얼굴이 더 빨개졌습니다.

어느덧 해가 뉘엿뉘엿 졌습니다. 바람이 몹시 불고 기온이 떨어지는 탓에 더 이상 바다에서 봉사를 하지 못하게 되었습니다. 우리는 아쉬운 마음을 뒤로 하고 승합차에 올라타 집으로 향했습니다. 도로에는 많은 차량으로 차가 밀렸습니다.

"그래, 정말 잘했어."

소율이도 진아의 손을 꼭 잡으며 격려해 주었습니다.

"어쨌든 오늘 봉사를 통해 정말 느낀 게 많아."

진수의 말에 우리는 깜짝 놀랐습니다. 어린 줄만 알았던 진수의 얼굴이 몹시 심각해 보였거든요.

"뭘 그렇게 많이 느꼈는데?"

진아가 비꼬듯이 말하는데도 진수는 여전히 심각했습니다.

"남의 일 같지 않다는 거지."

"태안에 기름이 유출되었다고 태안 사람들만의 일이겠니? 국민 모두의 일이지, 당연한 걸 가지고 새삼스럽게……."

"그게 아니고 우리 마을 말야. 실제로 기름으로 인해 죽은 물고기와 새들을 보니까 댐이 생기면 우리 마을을 찾아오던 새들과 물고기도 저렇게 될 걸 생각하니……."

"에이, 댐이 생긴다고 저렇게 기름을 뒤집어쓰지는 않지. 아야!"

용진이가 또 생각 없이 나서자 소율이가 세게 꼬집었습니다.

"댐이 만들어지면 저수지에 물이 고이잖아. 고인 물은 수온이 올라가고 바닥에 침전물이 생기면, 생물이 살기 어렵다고 하더라고……."

말 한마디 안 하고 조용히 돌만 닦았던 혜민이가 말했습니다.

"거봐, 댐을 통해서 홍수를 막고 에너지를 만들고 어쩌고저쩌고 하지만, 결국 그건 인간을 중심으로 생각했던 거야. 자연을 생각하지 않고. 댐이 만들어지면 결국 자연은 파괴될 거야."

진아는 갑자기 흥분하여 자기도 모르게 목소리가 커졌습니다.

"저기 좀 봐!"

진수가 창밖을 가리키며 소리쳤습니다. 진수가 가리킨 곳은 다름 아닌 시위 현장이었습니다. 기름을 유출시킨 업체에 대한 처벌, 정부의 적절치 못한 대책에 대한 반성 요구, 그리고 어민들의 보상금 문제, 환경에 대한 책임 문제 등을 현수막과 피켓에 써서 시위를 하고 있었습니다.

12월 겨울, 바닷가 바람이 몹시 차가웠습니다. 그러나 사람들은 추위에도 아랑곳하지 않고 오랫동안 시위를 한듯 얼굴이 빨갛게 얼어 있었습니다. 절규하듯 부르짖는 사람들의 목소리에서 간절함이 묻어났습니다.

즉각적인 선보상!
피해보상 정부가 책임져라!
빚 때문에 못살겠다 금융비용 책임져라
정부의 늦장대응 우리어민 다죽인다
빚 때문에 금융비용
정부의 늦 우리어민
세금 탕감하라!
빚 때문에 못살겠다 금융비용 책임져라
태계가 복원되는 그날까지
공업은 무학책인져라!

그 모습을 보자 우리들은 모두 숙연해졌습니다. 누가 말하지 않아도 그 모습을 보고 가슴 아프게 느낀 것은 바로 우리 부모님의 모습과 닮았기 때문이었습니다.

천수가 한숨을 내쉬었습니다.

"우리 부모님도 지금 추위에 떨며 시위하고 계실 텐데……."

"우리 엄마는 감기에 걸리셨는데도 나가셨어."

4학년 미영이도 울상이었습니다.

"우리 마을에 댐이 생기면 정말 큰일이야. 우리뿐만 아니라 새들과 물고기도 이사를 가야하잖아."

진수도 한마디 거들었습니다.

"그 뿐이겠어? 댐이 생긴 자리에 있던 모든 생물들은 죽게 되고, 먹이를 잃은 다른 동물들도 죽게 될 거야."

용진이도 걱정이 되는 모양이었습니다.

"그러지 말고 우리 마을을 살리자!"

소율이가 소리쳤습니다.

"그게 무슨 말이야? 우리가 어떻게?"

천수가 소율이를 쳐다보았습니다. 댐 건설에 찬성했던 소율이를 의아하게 쳐다본 것은 진아도 마찬가지였습니다.

"우리도 힘을 보태자."

"시위 현장에 나가서 구호라도 외치자는 거야? 어른들이 싫어하실 걸?"

"싫어하시는 게 아니라 걱정하시는 거지."

천수의 말에 용진이가 토를 달았습니다.

"그러니까 다른 방법으로 하면 되잖아!"

소율이에게 묘안이 있는 모양이었습니다. 우리들은 소율이의 말에 귀를 기울였습니다.

"어떻게?"

"어른들은 컴퓨터를 잘 못하시지만 우리는 잘하잖아? 특히 천수, 너! 너는 컴퓨터 박사가 되고 싶다며."

"에이, 천수는 컴퓨터를 잘하는 게 아니고 게임을 잘 하는 거지, 크크."

용수의 말에 천수가 주먹을 쥐어 보였습니다.

"우리가 군청이나 청와대 인터넷 게시판에 우리 마을의 사정을 알리는 거야. 그러면 그 사람들이 그 글을 보고 도와주러 와 줄 거 아니야?"

"그렇게 한다고 해서 뭐가 달라지겠어? 정부의 정책이라는 게 있는데? 계란으로 바위 치기다, 뭐."

용진이가 말도 안 된다고 손사래를 쳤습니다.

"꼭 그렇게 생각하지 않아. 어른들이 모두 힘을 합쳐 우리 마을을 살리고자 하는데 우리도 함께 작은 힘이라도 보태면 더 낫지 않을까? 그래, 환경단체 게시판에도 글을 올리는 거야. 그러면 우리와 같은 생각을 갖고 있는 사람들이 함께 힘을 실어 줄 것 아니야? 정말 댐이 필요한 건지, 다른 방법은 없는지."

진아는 소율이의 의견이 일리가 있다고 생각했습니다.

"맞아, 사실 댐이 아닌 다른 방법을 찾아볼 수 있을 것도 같아. 특히 우리 마을처럼 천연기념물이 많은 곳을 피할 수도 있을 테고 다른 저수지를 활용하여 댐 역할을 할 수도 있을 테고……."

소율이가 한마디 더 거들었습니다. 천수는 그런 소율이의 생각에 깜짝 놀랐습니다.

"우와, 너 정치해야겠다! 어쩜 그런 생각을 다 했니?"

"기본이지 뭐."

"하하하!"

"으이구! 히히."

우리들은 서로 마주 보며 웃었습니다.

"그래, 어쨌든 힘을 모아 우리 마을을 살리자. 오늘 기름투성이 바다에 가 보니 정말 자연을 방치하거나 훼손해서는 안될 것 같아. 우리 부모님을 위해서가 아니라 바로 우리를 위해서! 그리고 앞으로 태어날 내 아들을 위해서!"

천수도 뭔가 다짐한 듯 두 주먹을 불끈 쥐고 힘주어 말했습니다.

"너무 거창한 거 아냐?"

조용한 혜민이가 웃었습니다.

"야, 네가 커서 아들을 낳으려면 앞으로 몇 년이 더 있어야 하는 줄 알아? 그리고 네가 아들을 낳을지 딸을 낳을지 어떻게 알아?"

용진이 말에 천수가 대꾸했습니다.

"자식! 말이 그렇다는 거지."

우리의 이야기를 가만히 듣고 운전만 하시던 선생님이 크게 웃으셨습니다.

"하하하! 너희들 이야기를 듣고 있으니 오늘 태안에 오길 정말 잘한 것 같구나. 너희들 말대로 자연을 보호하는 것은 꼭 지금의 이익이나 편의를 위해서가 아니야. 앞으로의 미래, 더 나은 미래를 생각하며 우리의 책임을 다해야 한다는 의미니까. 선생님이 어렵게 설명하지 않아도 너희들 스스로 많은 것을 느끼고 알게 된 것 같아 너무 뿌듯하다! 정말 내 제자들이 자랑스럽구나."

운전을 하시는 선생님은 뒷모습만 보여서 표정이 어떤지 몰랐지만, 아주 흐뭇해하시는 것이 분명했습니다. 우리들은 괜히 으쓱해졌습니다.

오랫동안 차가 막혔습니다. 한꺼번에 밀려나온 차량들이 도로에 가득했습니다. 고속도로를 벗어나 국도를 타자 차는 쌩쌩 잘 달렸습니다. 추위에 떨며 돌을 닦던 아이들은 피곤했는지 하나 둘씩 곯아떨어졌습니다.

진아는 오랫동안 창밖을 내다보았습니다. 산과 나무, 집들이 지나갔습니다. 자연과 사람이 어울려 살아가는 모습이었습니다.

진아는 가방에서 종이와 연필을 꺼냈습니다. 그리고 흔들리는 차 속에서 무엇인가 열심히 적기 시작했습니다.

2 신성한 자존심에 대한 의무

진수는 이불을 뒤집어쓴 채 오들오들 떨었습니다. 오랫동안 바닷바람을 쐰 탓에 결국 감기에 걸렸습니다.

“진수는 괜히 가서 감기만 걸렸구나.”

엄마는 따뜻한 물을 가져오시며 걱정스러워하셨습니다.

“아니에요, 엄마. 괜히 간 게 아니에요. 전 정말 그곳에서 많은 걸 느꼈는 걸요? 텔레비전에서 본 것과는 정말 천지 차이에요. 실제로 가 보니까 기름투성이 바다가 얼마나 아픈지 알겠다니까요.

새가 기름을 뒤집어쓰고 날지 못해 눈만 멀뚱멀뚱 뜨고 죽어가는 모습을 보니 너무 안타까웠어요."

"그래도 네가 감기에 걸려서 어쩌니?"

엄마는 여전히 걱정하시며 진수의 이마를 짚었습니다.

"사람들 때문에 죽어가는 새들도 있는데요, 뭘."

진수는 콜록거리면서도 연신 괜찮다고 했습니다.

"허허, 우리 진수가 어린 줄만 알았더니 정말 많이 컸네?"

아빠도 그런 진수가 대견하신 모양이었습니다.

"진수가 태안에 가서도 얼마나 열심히 일했는지 몰라요. 집에서와는 딴판이었어요. 게으름만 피우는 앤 줄 알았는데……."

진아가 웃으며 말했습니다.

"그런데 누나, 그거 칭찬이야 아니면 흉이야?"

"음, 좋을 대로 생각해."

진아가 새침하게 말하자 진수가 입을 삐죽거렸습니다. 그런 모습을 부모님은 재미있게 지켜보셨습니다.

"그래서 말인데요?"

진수의 말에 가족들은 귀가 솔깃했습니다.

"우리 마을에 댐이 건설되면 정말 안 되겠다는 생각을 했어요."

댐건설 철회결정
축

진수는 아주 의젓하게 말했습니다.

"그건 저도 동감이에요. 처음에 엄마, 아빠가 왜 댐 건설에 반대하시는지 잘 몰랐거든요. 좋은 점도 많은데……. 엄마, 아빠가 단순히 고향을 떠나기 싫어서 그러시는 줄만 알았어요. 그런데 이사를 가고 안 가고의 문제가 아니라 바로 자연의 훼손에 대한 문제였다는 걸 알게 되었어요."

진아도 진수와 같은 생각이었습니다.

"그래, 너희들이 그런 생각을 다 했다니 고마운 걸?"

엄마가 진아의 머리를 쓰다듬어 주셨습니다.

"그런데, 환경 문제에 대해서 인간이 자연에 대해 책임을 져야 한다는 말이 이해가 되면서도 구체적으로 어떤 이유에서인지는 잘 모르겠어요. 그냥 느낌으로는 맞는 말인데……."

진수가 고개를 갸우뚱거렸습니다. 그 모습을 보고 아빠가 빙그레 웃으셨습니다.

"지난번에 얘기했던 한스 요나스 기억나니?"

"네!"

진아와 진수가 대답했습니다.

"환경 문제는 인간과 자연환경과의 도덕적 관계야. 무슨 말이냐면 인간이 자연을 대할 때 도덕적 규범에 의해 지배될 수 있다고 가정하는 거지."

"도덕적 관계?"

"그래서 한스 요나스는 환경 문제가 도덕적 규범들을 설명하고 인간은 누구에게 어떤 책임을 지고 있는지 그리고 그 책임이 어떻게 정당화되고 있는지를 보여주어야 한다고 주장해. 그러니 자연이 우리에게 혜택을 주는 만큼 우리도 자연에 대해 희생해야 하고 또 미래의 인류와 다양한 생물에 대해 계속 책임을 져야하는 거야."

"하하하, 그래서 천수가 미래의 아들딸을 위해 환경을 지켜야 한다고 했어요."

진아는 갑자기 천수의 말이 생각나서 웃었습니다.

"그래?"

엄마도 따라 웃으셨습니다.

"허허, 맞는 말이다. 인간이 윤리적 책임을 갖고 환경을 지킬 때 우리의 미래도 지켜나갈 수 있으니 말이야. 인간은 자연보다 우월하다고 생각하고 또 다른 동물에 비해 실제로 지능이 좋지 않니? 그러니 자연을 지키는 것은 이런 우리 인간들의 신성한 자존심에 대한 의무이기도 하단다."

"정말 멋진 말이에요! 자존심을 지키기 위해서 자연을 지킨다! 자연을 지키는 일이 당연할 수 밖에 없는 거네요?"

대단한 발견을 한 듯 진수는 이불을 걷어내고 어깨를 쫙 폈습니다.

"자연을 망치면 인간의 자유도 망친다는 말이 있단다. 우리가 좀 더 자유롭게 살기 위해선 자연을 보호해야 하는 건 당연하겠지?"

"네!"

진아와 진수는 왠지 가슴이 벅차올랐습니다.

"그러니까 환경에 대해 너무 어렵거나 복잡하게 생각할 필요는 없어. 나를 존중하듯 자연을 존중하면 되는 거야."

아빠의 말씀에 진아와 진수는 고개를 끄덕였습니다.

"사나이 자존심을 위해서라도 환경을 보호해야겠어요. 내일 당장 엄마 아빠와 함께 시위에 참여할래요!"

진수가 결심한 듯 입술을 앙다물었습니다.

"그 몸으로?"

도로 이불을 뒤집어쓴 진수를 보고 엄마가 웃으며 말씀하셨습니다.

“히히히, 아직은 무리인가?”

진수가 넉살좋게 웃었습니다.

“환경을 보호한다는 것을 너무 대단하게 생각하지 마. 너희들이 환경단체 사람들처럼 구호를 외치거나 댐 건설을 반대하는 일을 할 필요는 없어. 작은 것부터 실천하면 돼.”

엄마가 진수에게 이불을 다독거린 후 덮어주셨습니다.

“그래, 너희들이 자연을 소중히 여기고 아끼는 마음으로도 충분히 자연을 보호하는 거란다. 더 나아가 작은 풀 한 포기에도 관심을 갖고 함부로 대하지 않는 것 또한 환경보호란다. 앞으로 너희들이 어른이 되면 환경을 보존하는 것과 반대되는 여러 가지 일을 경험하게 될 거야. 그때마다 무엇이 우선되어야 하고 도덕적으로 어떻게 대처해야 하는지에 대해 생각할 줄 알면 된단다. 그것이 환경을 보호하는 첫 걸음이고 최선의 일이 될 테니까.”

아빠의 말씀에 엄마가 고개를 끄덕이셨습니다. 엄마도 아빠와 함께 살면서 환경에 대해 관심을 많이 갖게 되었다고 말씀하셨습니다.

“아빠가 그렇게 말씀하시니까 지난여름에 냇가에서 있었던 일이 자꾸 양심에 찔리는데요?”

갑자기 진수가 얼버무리며 말했습니다.

"뭔데?"

진아는 궁금했습니다. 진수가 지난여름에 냇가에서 무슨 짓을 했던 걸까요?

"우리 반 세진이 있잖아. 걔가 비눗방울 총을 샀다고 자랑하기에 나는 더 큰 비눗방울을 만들 수 있다고 하면서 집에서 주방 세제를 양동이에 잔뜩 풀어서 잠자리채로 방울을 만들었거든. 텔레비전에서 보니까 사람이 들어갈 정도로도 비눗방울을 크게 만들더라고 그래서 그렇게 해 봤지. 그런데 아무리 해도 큰 비눗방울이 생기지 않는 거야. 세진이한테 망신만 당하고 집에 돌아오는데 주방 세제를 잔뜩 풀어놓은 양동이를 어떻게 하지 못해 그냥 냇가에 버렸거든. 집에 와서 엄마가 보시고 혼낼까 봐……. 그걸 냇가에 그냥 쏟아 부었으니 물고기들이 얼마나 괴로웠겠어."

"괴롭기만 했겠니? 다 죽었겠다."

진아는 진수에게 꿀밤을 먹이고 싶었으나 감기로 쩔쩔매고 있는 모습을 보니 그렇게 하지 못했습니다.

"우리 마을 냇가는 1급수로 희귀종의 물고기가 찾아오는 곳이야. 그런 곳에 함부로 오염 물질을 버리면 안 되지. 앞으로는 절대 그러면 안 돼. 알겠지?"

아빠가 나무라는 듯, 타이르는 듯 말씀하셨습니다.

"네! 사나이 자존심을 지키기 위해서라도 앞으론 절대 그런 짓 안 한다니까요! 믿어 주세요!"

골골대던 진수의 목소리가 우렁찼습니다.

"하하하!"

진아네 가족은 한바탕 웃었습니다.

3 우리 마을에 놀러 오세요

홍겨운 장구소리와 얼씨구절씨구 노랫소리가 메아리쳐 울렸습니다. 마을 회관은 국수를 삶고 부침개를 굽느라 분주했습니다. 마을이 온통 구수한 냄새로 진동했습니다. 어른들은 서로 얼싸안고 술잔을 주고받으며 이야기꽃을 피웠습니다.

"난 이사 안 가. 얌얌."

얌얌할머니가 국수 가락을 입에 넣으시며 말씀하셨습니다.

"이젠 이사 안 가셔도 돼요. 산으로도 냇가로도 이사 가실 필요가 없어요."

진아아빠는 할머니께 자신의 그릇에서 국수를 좀 더 덜어드렸습니다.

"댐이 생긴다믄서? 약약."

약약할머니가 국물을 후루룩 마시며 말씀하셨습니다.

"아니에요. 이제 우리 마을에 댐 안 만들기로 했어요. 우리 마을이 너무 아름답고 살기 좋다고 그냥 이대로 잘 살라고 하네요."

진아아빠는 신명이 나는지 미소를 지으며 절로 목소리가 커졌습니다.

"나 귀 안 먹었어! 약약. 여하튼 잘 됐구먼. 우리 영감이 좋아하겠어."

약약할머니는 국수를 맛있게 드셨습니다. 진아아빠는 흐뭇하게 웃었습니다.

"이렇게 좋을 수가 있나? 이게 다 진아아빠가 앞장선 덕분이오."

술이 얼큰하게 취한 천수아빠가 말했습니다.

"제가 뭐 한 일이 있나요? 모두 우리 마을 사람들이 힘을 합쳐서 그리 된 것이지요."

"아니, 아니야. 그래도 진아아빠가 나서지 않았으면 우리는 그

저 보상이나 받고 이사 갈 궁리만 했을 거요."

천수아빠가 진아아빠에게 술 한잔 따라 주었습니다. 그 모습을 지켜보던 홍씨 아저씨가 슬그머니 고개를 돌렸습니다.

"홍씨는 그 감나무 다 뽑아 버렸나? 그대로 두면 감이 제대로 열리지 않을 텐데?"

홍씨 아저씨가 뜨끔하여 어깨를 움찔했습니다.

"죄, 죄송해요……."

"뭐, 그게 자네 탓인가. 세상 탓이지. 그나저나 올해 홍씨네 감 맛은 어떨지 궁금하네. 홍씨네 감이 우리 마을에서 제일 맛있지 않아?"

진아아빠는 웃으며 천수아빠를 쳐다보았습니다.

"그럼요!"

천수아빠도 장단을 맞추었습니다.

"비료나 한 자루 더 살 걸, 괜히 어린 감나무 묘목을 사서 손해가 이만저만이 아니에요."

홍씨 아저씨는 쑥스러운 듯 고개를 저었습니다.

"허허, 그러게 왜 그런 쓸데없는 짓을……."

천수아빠가 한마디했습니다.

"부끄럽습니다."

"그럴 필요 없어. 댐이 건설되어 이사를 가야한다고 했을 때 한 푼이라도 보상금을 더 받으려고 자네처럼 하지 않은 사람이 어디 있었겠나?"

천수아빠가 손사래를 쳤습니다. 홍씨 아저씨는 다시 얼굴이 빨개지셨습니다. 천수아빠가 홍씨 아저씨에게 술 한잔 따라 주 었습니다.

마을 사람들은 서로에게 음식을 권하며 웃음꽃을 피웠습니다.

우리 마을에 댐이 건설되지 않게 된 것입니다. 군청에서 시위를 하고 댐 건설 반대의 정당성을 알리고 마을 주민들이 서명 운동을 벌이고 또 환경평가위원회와 오랜 시간 토론을 벌인 뒤 얻은 결과였습니다.

어른들은 서로 격려하며 즐거워했습니다. 아이들도 신이 나서 웃고 떠들며 맛있는 음식을 먹었습니다.

"정말 잘된 일이야. 우리 마을에 댐이 건설된다는 게 말이나 되는 일이야?"

"그럼요! 이렇게 아름다운 마을이 물속에 가라앉다니요!"

"당연하죠, 이런 이웃들을 어디에서 또 만나라고……. 정말 고

생들 많으셨어요."

"우리 마을 사람들의 단합된 힘을 확실히 보여 줬네요! 호호."

"다들 수고 많으셨어요."

어른들은 서로의 손을 잡아 주었습니다.

"그런데……, 우리 마을에 댐건설이 무산된 데는 다른 공로자가 있다던데?"

논농사를 제일 크게 짓고 있는 최씨 아저씨가 말씀하시자 모두들 누군데요? 하면서 최씨 아저씨를 쳐다보았습니다.

"바로, 우리 아이들이에요!"

그때 선생님이 자랑스러운 듯 말했습니다.

"아이들이요?"

소율이 엄마가 말했습니다.

"네, 아이들이 청와대고 정당이고 도청이고 군청이고 환경단체고 할 것 없이 인터넷 게시판에 우리 마을 소식을 전하면서 댐이 건설되지 않도록 글을 올렸대요. 지난번 아이들과 기름 유출 사건이 있었던 태안에 갔었는데, 환경에 대해 느낀 것이 많았나 봐요. 우리 마을을 살려야 한다면서 저희들끼리 대책을 세운 모양이에요. 허허."

대통령 아저씨께
저는 배진아라고 하는 5학년
태안기름유출 사건이
동네를 살려 주세요 !
마을의 생명을 지켜 주세요 !

선생님은 연신 웃으며 말씀하셨습니다.

"그래요? 정말 대견하네요. 어찜 아이들이 그런 생각을 다했을까요? 기특하기도 해라."

진아엄마는 함박웃음을 지었습니다. 그 모습을 지켜보던 아이들은 서로 얼굴을 마주 보며 웃었습니다.

"그 뿐만이 아니에요. 지난번 뉴스에서는 우리 아이들이 태안반도에서 봉사하는 모습도 나왔다던데요?"

"그래요?"

"네. 우리들이 군청으로 쫓아다니느라 텔레비전 볼 시간이 없었잖아요. 그런데 정말 뉴스에 우리 아이들이 나왔다더라고요. 다른 마을 사람이 말해 줘서 알았다니까요?"

"아이고, 정말 대견하네?"

"아이들이 봉사하면서 인터뷰도 했는데, 우리 마을에 댐이 건설되면 환경이 오염되니까 꼭 우리 마을을 지킬 수 있게 해 달라고 야무지게 말했대요."

"하하, 그래서 댐 건설이 무산되었나?"

"여하튼, 아이들이 어른들 보다 낫네요. 텔레비전에도 나오고 인터넷에도 알리고……."

어른들은 아이들의 이야기를 듣고 매우 대견해하셨습니다. 아이들은 어른들의 이야기를 흘려들으면서도 뿌듯한 마음을 감추지 못했습니다.

"그 덕에 댐 건설이 무산된 성과도 크지만, 인터넷에 올린 글 덕분에 다른 사람들이 우리 마을을 알게 되어 꼭 한번 와 보고 싶어 하는 사람들이 많다는군요. 우리 마을을 제대로 홍보한 셈이 되었어요."

"하하, 우리 아들이 컴퓨터 박사거든요. 저녁마다 뭘 그렇게 두들기나 했더니 그런 기특한 일을 했나 보네?"

천수아빠가 천수의 어깨를 툭 치며 말씀하셨습니다.

"우리 용진이도 그러던데?"

용진이 아빠도 말했습니다.

"우리 아이도요!"

"우리 애도 그랬다니까요!"

아이들 자랑에 부모님들은 신명이 났습니다.

"어쨌든 댐 건설이 무효가 될 수 있었던 것은 마을 사람 모두의 힘 덕분이었어요."

진아아빠의 말에 선생님이 끼어들었습니다.

"우리 마을 사람들뿐만 아니라 식물과 또 철마다 찾아오는 동물들 덕분인 것 같네요. 그것들이 아니었다면 댐이 만들어졌을 테니까요. 아름다운 자연 덕에 우리가 살 수 있게 되었습니다. 허허."

"그 말이 옳습니다!"

진아아빠도 고개를 끄덕였습니다.

"그럼, 흰배지빠귀 덕이네요?"

홍씨 아저씨도 웃으며 말했습니다.

"아니, 그런데…… 그 아이는 대체 누구에요?"

소율이아빠가 말했습니다.

"누구 말이에요?"

사람들은 궁금한 듯 소율이아빠를 쳐다보았습니다.

"글쎄, 우리 마을 어떤 아이가 대통령에게 편지를 썼다지 뭐예요? 그 편지를 읽은 대통령이 감동받아서 직접 우리 마을에 대한 댐 건설에 대해 물어보고 꼭 막아 달라고 부탁했다는군요."

"정말이요?"

"네, 제가 군청에서 일을 하지 않습니까? 그 이야기를 도청 직원이 듣고 제게 와서 말해 주더라고요. 우리 마을 사람들과 자연의 힘이 댐 건설을 막았다고 하지만, 결정적인 계기가 된 것은 그 아이의 편지가 아니었을까요?"

소율이아빠의 말씀이 끝나자 어른들이 모두 아이들을 바라보았습니다. '대통령에게 편지를 쓴 아이가 누구니?' 하는 표정이었지만, 아이들도 어리둥절해서 고개를 절레절레 흔들었습니다.

"우리 천수는 컴퓨터는 잘하는데 글을 잘 못 써서……."

"아빠!"

천수아빠의 말에 천수가 소리를 치자 사람들이 웃었습니다.

"글쎄? 누굴까? 누구니? 누가 편지를 썼니?"

혜민이 엄마가 아이들을 번갈아 보며 물었습니다. 아이들은 서로 얼굴만 쳐다보며 모르겠다는 표정을 지었습니다.

"분명, 우리 마을 아이라고 했는데……."

"이름은 못 들었어요?"

"네. 그 사람도 누군가에게 전해 들은 이야기라……."

"누가 됐든 우리 마을 아이들 중에 하나라니 정말 자랑스러운 일이에요."

"허허, 대통령도 감탄할 만한 편지를 썼다면, 분명 그 아이는 커서 작가가 되지 않을까요? 더 많은 사람들을 감동시키는 글을 쓸게 분명할 테니까."

"그러게요!"

"하하하."

"호호호."

우리 마을은 웃음꽃이 활짝 피었습니다. 댐이 건설되지 않고 아름다운 자연 속에서 살아갈 수 있다는 사실도 좋았지만, 이렇게 서로를 존중하고 아끼는 이웃과 함께 살 수 있다는 사실도 무척 좋았습니다. 누군가 먼저 장구를 치고 노래를 했습니다. 너나 할 것 없이 흥겨운 노랫소리에 일어나 춤을 추었습니다.

산이, 나무가…… 애기똥풀, 황조롱이, 열목어가 덩실덩실 춤을 추었습니다.

미래를 위한 책임윤리

한스 요나스의 책임윤리는 미래에 필요한 윤리를 바르게 세우기 위해 쓰여 졌습니다. 이러한 요나스의 《책임의 원칙》은 미래윤리의 원칙이 조심스럽게 이야기되고 있어요.

한스 요나스는 미래에는 본래적 모습이라 할 수 있는 책임이 더욱 중요한 역할을 하게 되었다고 말해요. 특히 그가 새롭게 받아들이려는 윤리의 방향은 과거의 '도덕관' 을 새롭게 정립하여 구체적인 모델로 삼고 있어요. 이미 변해 버린 인간의 본성을 우리의 삶 속에서 구체화시키고자 하는 작업이었죠. 따라서 그의 중심적인 모델은 미래의 도덕적인 의무를 세우는 것입니다.

이러한 맥락에서 한스 요나스의 《책임의 원칙》은 자연과 인간의 관계를 그 이전과는 조금 다른 도덕관을 갖고 이야기해요. 그래서 한스 요나스는 지금까지 윤리의 원칙과 그 타당성에 대해 단지 개인의 도덕성에

만 한정시켜 이야기하지 않아요. 한스 요나스는 인간의 행위 결과가 단지 개인적인 책임에 머물러 있어서는 안 되고 사회적으로 책임져야 할 영역으로 점차 늘려야 된다고 말해요.

그러면 한스 요나스가 이야기하는 자연에 대한 책임과 미래 세대를 위한 책임은 서로 어떠한 연관 관계를 맺고 있을까요? 새로운 책임윤리가 현 상황을 극복할 수 있는 미래의 이론적 대안이 될 수 있을까요? 이러한 물음들은 쉽게 답변을 내릴 수 있는 상황은 아니에요. 하지만 앞으로 인류는 자연에 대해 어떤 태도를 취하는가에 따라 달려 있죠.

인간이 아직도 얼마만큼 기술을 발전시키고 행위할 수 있는가가 아니라 '자연이 얼마만큼 견딜 수 있는가의 문제'가 더 심각하다는 사실이에요. 온 지구가 세계의 종말에 대해 예측하고 있는 현 상황에서 인간이 스스로 승리자라고 자처한 승리는 오히려 자신을 위협할 수 있다는 사실을 똑바로 깨달아야 해요. 이런 점에서 그는 인간과 자연, 자연과 인간의 조화를 말해요.

이렇듯 한스 요나스의 책임윤리는 미래 세대를 위한 윤리입니다. 미래 세대를 위한 윤리는 미래 세대에 대한 책임 또는 미래 세대에 대한 의무

이기도 해요. 이러한 윤리는 미래 세대의 이익을 소중하게 배려해야 하는 것이에요. 여기서 미래 세대는 자신의 자식이나 손자처럼 직접 혈연 관계뿐만이 아니에요. 자신과 관계없는 사람들의 이익이나 아득히 먼 미래에 살게 될 사람들도 포함해요. 우리는 그런 미래 세대의 이익까지도 모두 생각하면서 책임을 져야 합니다.

고속도로를 벗어나 국도를 타자 차는 쌩쌩 잘 달렸습니다. 추위에 떨며 돌을 닦던 아이들은 피곤했는지 하나 둘씩 곯아 떨어졌습니다.

진아는 오랫동안 창밖을 내다보았습니다. 산과 나무, 그리고 집들이 지나갔습니다. 자연과 사람이 어울려 살아가는 모습이었습니다.

진아는 가방에서 종이와 연필을 꺼냈습니다.

대통령 아저씨께

안녕하세요? 저는 배진아라고 하는 5학년 어린이에요.

저희 분교 친구들은 오늘 태안 기름 유출 사건이 있었던 꽃지 해수욕장에 다녀오는 길이에요. 바닷가에서 모래성을 쌓고 수영을 하면서 놀기만 했지, 이렇게 추운 날 봉사를 하러 갈 것이라곤 상상도 못했어요. 그런데 직접 가서 보니 기름투성이 바다가 너무나 끔찍했어요. 하얀 배를 뒤집고 죽은 물고기 떼와 기름을 뒤집어쓰고 날개를 파닥이며 죽어 가는 물새들을 보고 있자니 가슴이 정말 아팠어요.

저는 오늘 그곳에서 돌에 묻은 기름 찌꺼기를 닦으며 우리들 마음에 깊이 찌든 때도 함께 닦았어요. 우리는 자연의 혜택을 무한히 받으면서도 자연에게 배려하는 마음은 인색했던 것 같아요. 산과 바다가 푸르고 아름다운 꽃과 새소리를 아주 당연하게 생각해 왔던 지난날이 미안했어요.

도시의 아이들은 자동차를 피해 높은 건물의 학원에서 하루의 일과를 보낸다고 하더군요. 그러나 우리 산골마을 아이들은 그렇지 않아요. 자연이 주는 맑은 공기를 마시며 흙먼지를 뒤집어쓰고 언덕으로 밭으로 냇가로 쏘다니지요.

태안에 갔다 오기 전까지는 도시의 아이들이 몹시 부러웠어요. 편안하게 생활하고 예쁜 옷을 입고 영화를 보고 햄버거를 쉽게 사 먹을 수 있는 도시의 아이들이요. 그런데 태안에 갔다 오고 나니 날마다 숨 쉬며 마시는 공기와 늘 보는 푸른 나무가 얼마나 소중하고 값진 것인지 깨닫게 되었어요.

대통령 아저씨,

우리 마을은 참 아름다운 곳이에요.

여름이면 개개비, 검은댕기해오라기, 귀제비, 깝작도요, 꼬마물떼새, 노랑때까치, 물레새, 솔부엉이, 산솔새, 알락할미새가 놀러 오고요. 냇가에는 버들치, 각시붕어, 꺽지, 쉬리, 어름치, 쏘가리, 납자루, 돌고기, 퉁가리가 헤엄쳐요. 그리고 산과 들에는 구름국화, 분홍비늘꽃, 닻꽃, 자주꽃방망이, 중나리, 앵초, 엉겅퀴, 노루귀, 산매발톱, 제비동자꽃이 피어 있어요.

이 모든 것은 인심 좋은 우리 마을 사람들과 함께 숨 쉬고 노래하며 살아가는 가족이랍니다.

그런데 우리 마을에 댐이 건설된대요. 댐이 건설되면 우리 마을은 물에 잠겨요. 물에 잠기는 것은 우리 마을뿐만이 아니라 도시 아이들은 보기는커녕 이름조차 들어 보지 못한 이 아름다운 자연이 함께 사라지고 말아요.

대통령 아저씨,

우리 마을을 살려주세요. 댐이 건설되면 마을이 발전한다고 해요. 하지만 이 모든 것을 잃고 발전되는 것을 우리 마을 사람들은 원하지 않아요. 물론 대통령 아저씨도 그렇겠지요? 대통령 아저씨는 많은 것을 알고 우리나라를 책임져 이끌어 가시는 분이잖아요? 우리나라의 자연이에요. 대통령 아저씨가 책임져 주세요. 자연을 책임질 때 진정으로 우리 인간이 자유로울 수 있대요. 정말로 자유로운 우리나라가 되게 해 주세요.

어른들은 날마다 군청에서 댐 건설 반대시위를 하고 계세요. 이렇게 추운 겨울에 말이지요. 그렇지만 지금 우리 마을 사람들을 춥게 하는 것은 겨울이 아니에요. 우리 마을에 댐이 건설되어 모두가 뿔뿔이 흩어지고 사라져야만 한다는 사실에 떨고 있습니다.

대통령 아저씨, 부디 우리 마을을 지켜 주세요. 그리고 아름다운 우리 산골 마을에 꼭 한번 놀러 오세요. 꼭이요!

통합형 논술 활용노트

01 다음 글을 읽고 물음에 답하세요.

(가)

"맞아요. 진아 말대로 인간이 자연과 함께 살아가야 하는데 자연에 대해서 우리는 너무…… 그러니까 무지막지하게…… 다시 말해서, 함부로……"

천수가 말을 잇지 못하고 횡설수설하였습니다.

"권력! 그래요! 인간의 권력으로 자연을 지배하려고만 했어요!"

진아의 말에 아이들이 우와, 함성을 내질렀습니다.

"프로메테우스의 권력처럼?"

소율이가 말했습니다.

"엥? 프로메테우스는 또 뭐야?"

용진이가 눈을 동그랗게 떴습니다.

"그러니까 불을 가져다 준 프로메테우스 덕분에 근대 과학기술의 권력을 낳았어. 하지만 그 권력이 오히려 인간에게 위협으로 작용한다는 거지."

–《한스 요나스가 들려주는 환경 이야기》 중

(나)

수많은 민중은 촛불을 들고 헌법 제1조 '대한민국은 민주공화국이다. 모

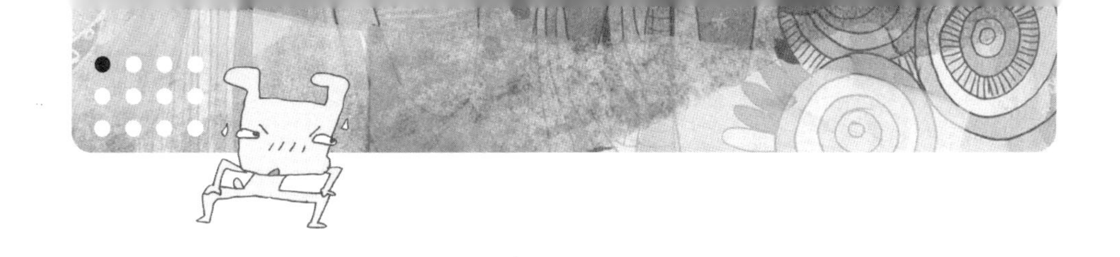

든 권력은 국민으로부터 나온다'를 거리에서 밤새도록 목 놓아 외치고 있다. 이는 오늘날 대한민국이 진정한 민주주의가 실현되고 있는 민주공화국이 아니라는 처절한 고발이다.

오늘의 촛불혁명은 21년 전 6월 민주항쟁을 계승하고 또 발전시키고 있다. 권력의 오만과 독선에 맞서 꺾이지 않는 민중의 힘을 보여 주고 있다. 비록 민중의 손으로 직접 뽑은 대통령이지만, 그 대통령이 민중의 뜻을 거스를 때 민중은 이를 결코 좌시하지 않는다는 것을 몸소 보여 주고 있다.

– 최광은 한국사회당 대표 네이버 블로그
'유쾌한 반란, 촛불혁명은 주권혁명이다!' 글 중
(http://blog.naver.com/aganipe/130032214947)

1. 현대사회에서 권력이 어떻게 발생하고 작용하는지에 대해 (가)와 (나)에서 이야기하는 바를 비교해 보세요.

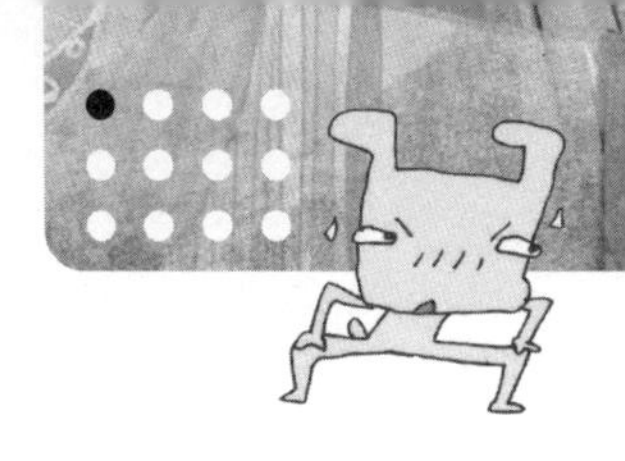

02 다음 글을 읽고 물음에 답하세요.

(가)

"맞아. 우리가 황사 때문에 고생하는 이유가 뭐니? 중국이 무분별하게 공장을 짓고, 기술을 개발하면서 환경을 오염시키니까 그런 거잖아."

"그런데 그게 뭐 어디 중국뿐이냐? 우리나라도 그렇고 미국도 그렇고 전 세계가 다 그런 거지."

수아가 말하고 있는데 현이가 퉁명스럽게 불쑥 한마디 내뱉었어. 그러니까 수아가 살짝 웃으면서 말했지.

"그래. 더 큰 문제야. 기술이 점점 발달하니까 사람들이 편리한 생활을 하잖아. 그러니까 기술, 기계는 무조건 좋다고 생각하는 것 같아. ㉠사람을 위해서 과학기술을 하는 건데, 나중에는 과학기술을 위해서 사람이 있어야 할 것 같아. 왜 이렇게 되겠니?"

-《하이데거가 들려주는 존재 이야기》중

(나)

서울시는 유가 급증에 따라 기름값과 환경오염을 대폭 줄일 수 있는 전기배터리버스와 압축천연가스(CNG) 하이브리드버스를 도입하기로 했다.

전기버스의 도입은 서울의 도로 환경을 감안했을 때 단점도 있지만 환경오염이 없다는 측면에서 도입이 결정됐다.
서울시는 또 앞으로 '무공해 전기 시내버스'도 단계적으로 도입하기로 했다. 서울시는 이 사업의 성공을 위해 친환경 버스 제작기술을 선도하는 기업의 제품을 적극 구매하기로 했다.
서울시청 담당자는 "CNG 하이브리드버스, 전기버스 등을 도입하고 친환경버스 제작기술의 발전을 위해 '친환경버스 구매예고제' 등 ⓛ다양한 인센티브를 제공하는 방법으로 친환경에너지 산업을 발전시킬 것"이라고 말했다.

– ○○ 신문, 2008년 6월 5일

(다)
"그래, 너희들 말이 옳다. 그렇기 때문에 자연을 지키고 보존하는 것은 인간의 책임이라는 거야. 그것이 인간이 생명을 보존하고자하는 자기목적을 근본적으로 달성할 수 있는 것이지."
선생님의 설명에 소율이도 조금 수그러들었습니다.
"선생님 말씀을 듣고 보니 정말 그렇군요? 저는 댐이 건설되면 좋은 점만 생각했어요. 과학기술이 발전해서 오늘보다는 내일이 더 편리해지고 발전할 수 있다는 생각만 했거든요. 그렇지만…… 생각해 보니 자연이 없으면 그 모든 것이 다 소용없을 것 같아요."

선생님이 흐뭇한 미소를 지으셨습니다.
"'우리가 신을 도와야 한다' 라는 말이 있단다."
선생님의 말씀에 천수가 나섰습니다.

(……)

"인간은 모든 자연보다도 우월해. 그래서 더 많은 자유를 누리며 살고 있지. 한스 요나스의 그 말은 신이 우리에게 부여한 자유를 지키기 위해서라도 우리가 자연을 지켜야 한다고 말하는 거야. ㉢자연을 보호하고 지키는 것이 우리의 자유를 지키는 것이고, 그것이 바로 우리에게 자유를 준 신을 돕는 것이란다."

―《한스 요나스가 들려주는 환경 이야기》 중

1. 제시문(가)의 ㉠과 제시문(나)의 ㉡ 내용이 들어가도록 하여, 환경오염에 대한 여러분의 생각을 400자 내외로 적어 보세요.

2. 제시문(다)의 ㉢문장처럼 하기 위에서 여러분은 어떤 일을 할 수 있는지, [문제1]에서 생각한 대답을 바탕으로 적어 보세요.

통합형 논술 문제풀이

01 (가)에서 말하는 권력은 불을 비롯해 자연을 지배하고 이용할 수 있는 이성 능력을 의미하는 반면, (나)에서 말하는 권력은 사회를 지배하고 다스릴 통치권을 말합니다. (가)에 따르면 인간은 본래 권력이 없었으나 프로메테우스가 불을 전해줌으로써 권력을 가지게 되었습니다. 즉 권력이 신에서 인간으로, 위에서 아래로, 하나에서 다수로 전해진 것입니다. 하지만 (나)에서 말하는 민주공화국은 민중이 나라의 대표자인 대통령을 뽑아 결정권을 위임하는 구조로서, 아래에서 위로, 다수에서 소수로 권력이 모아지는 모습입니다.

두 제시문은 공통적으로 권력의 남용 문제를 말하고 있습니다. (가)는 인간이 프로메테우스에게 부여받은 권력을 이용해 자연을 지배하지만, 그 권력을 남용한 결과 자연이 파괴됨으로 인해 인간 스스로 위협을 당한다는 문제를 지적합니다. 또한 (나)는 국민이 자신들의 뜻을 대변하라고 넘겨준 통치권을 이용하여 오히려 국민의 뜻을 거스른 대통령의 권력 남용 문제를 비판하고 있습니다.

권력은 무언가를 지배할 수 있는 능력입니다. 지배할 수 없게 된다면 권력을 잃는 것입니다. 지배자는 피지배자가 있기에 권력을 누릴 수 있다는 사실을 명심해야 합니다. 그리하여 피지배자를 존중하고 배려하면서 공존할 수 있는 방법을 모색해야 합니다. (가)에서처럼 자연이 인간을 역습하는 현상이나 (나)에서처럼 국민들이 대통령과 투쟁을 벌이는 사회 모습은, 지배자가 권력의 근거지를 잊고 오만을 부릴 때 어떤 일이 벌어지는가를 잘 보여 주고 있습니다.

02 1. 자동차는 우리들이 편리하게 생활하도록 도와줍니다. 그리고 선풍기로 바람을 쐬는 것보다 에어컨으로 바람을 쐬면 훨씬 시원한 여름을 보낼 수 있습니다. 자동차와 에어컨 등 과학기술이 발전하면서 인간은 과학기술에 의존하며 살고 있습니다. 과학기술은 우리의 삶을 편리하게 만들어 주지만 인간만 편리하게

해 줄뿐 인간 주변에서 함께 살아가는 존재에 대해서는 무관심했습니다. 그래서 환경 상태는 계속 나빠지고, 변종 동식물이 발생하고, 이상 기후 현상으로 많은 사람들이 다쳤습니다. 이런 환경 문제를 해결하기 위해 인간은 더 나은 기술을 개발해야 하고, 결국 인간은 과학기술 발전을 위해 존재하는 생명체가 됩니다. 과학기술에만 의존해서 환경오염을 막을 것이 아니라 우리 스스로 환경을 오염시키지 않는 실천을 해야 합니다.

2. 제시문(다)의 내용에서 보면 우리가 환경을 지켜야 하는 이유는 인간의 자기목적, 즉 생명을 보존하는 목적을 이루기 위해서입니다. 환경이 파괴되면 인류에게는 더 이상 미래가 없고, 생명을 보존할 수 없습니다. 그렇기 때문에 인간은 문제의 심각성을 알고 인류에게 닥칠 재앙을 막기 위한 해결책이 필요합니다. 과학기술의 긍정적인 측면만 보고 유토피아를 바래서는 안 됩니다. 과학기술이 모든 것을 해결해 줄 것이라는 낙관적 생각을 버려야 합니다. 다만 과학기술을 자연친화적으로 이끌되 우리가 생태학적 삶을 중심으로 생각하고 행동한다면 인간은 자기 목적을 달성하고, 자유를 보호할 수 있습니다.